はじめてでもお店みたいに作れる

ベーグルの本

タエ

KADOKAWA

だから、はじめてでもお店みたいに作れる！
この本で作れるベーグルの魅力

ふわモチ食感で万人ウケするおいしさ！

「ベーグルはかたい」というイメージを払拭！
この本のレシピはかたすぎないふわモチ食感なので、
ベーグルらしい歯ごたえがありつつも
幅広い世代の人が楽しめる仕上がりに。

少ない材料で手軽にできる

基本となるプレーンベーグルの
生地の材料はたった5つ！
主な材料の強力粉もスーパーなどでも
手に入りやすい「カメリヤ」を使用して
おいしく作れるものなので、
気軽にチャレンジできます。

こねる時間は5分だけ！

パン作りは「こね」が大変？
いいえ、この本で生地を
こねる時間はたった5分！
気兼ねなく作れます。水分量は多めで、
生地が扱いやすいことも特徴。
無理なく、「こね」の工程を楽しむことができます。

ほぼノンオイルでヘルシー！

プレーンベーグルはじめ、ほかにも
油脂なしで作れるノンオイルのレシピを満載！
パンの中でもヘルシーな、にもかかわらず
おいしいベーグルを作ることができます。

おうちでここまでできる！お店みたいなバリエーション

「まいにち食べたくなる」のがベーグルの魅力。
だから、おやつ系から惣菜系までたっぷり
52レシピを収録しました！ シンプルなベーグルはもちろん、
凝った成形のものもあるので、ビギナーの方から
パン作りがお好きな方まで幅広く楽しんでいただけます。

さあ、一緒に
ベーグル作りを始めましょう！

もくじ

この本で作れるベーグルの魅力　2

ベーグルの基本材料　6
ベーグル作りに必要な道具　8
ベーグル作りの基本動作　10
パン作り、ベーグル作りで役立つ用語集　12

1　ベーグル作りの基本とプレーン生地で作るベーグル

プレーンベーグル　14
エブリシングベーグル　18
お花ベーグル　20
塩バターベーグル　22
お団子ベーグル　24
メロンパンベーグル　26
ベーグルエピ　28
イングリッシュマフィンベーグル　30
ねこベーグル　32

COLUMN　ベーグルのおいしい保存方法とリベイクの仕方　34

2　すぐに作ってみたくなる！"今っぽベーグル"

プレッツェルベーグル／ミニプレッツェルベーグル　36
韓国風ねじねじプレッツェルベーグル　38
韓国風チーズポテトプレッツェルベーグル　40
塩キャラメルプレッツェルベーグル　42
朝ラク／もっと朝ラクオーバーナイトベーグル　44
キャロットケーキベーグル　46

COLUMN　ベーグル作りのQ&A　48

3 心ときめくおやつ系ベーグル

紅茶ベーグル 50

チャイベーグル 51

紅茶のダマンドベーグル 52

ハートのショコラダマンドベーグル 53

シナモンレーズンベーグル 56

かぼちゃベーグル／かぼちゃと金時豆のベーグル／
かぼちゃのうずまきベーグル 58

ブルーベリーベーグル／ブルーベリーチーズケーキベーグル 62

マンゴーココベーグル 64

カフェオレベーグル 65

大人のカフェオレベーグル〜チョコパイとラムレーズン〜 66

抹茶クリームチーズ黒豆ベーグル／
抹茶ベーグル／抹茶カシューナッツホワイトチョコベーグル 68

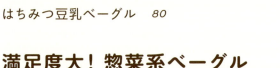

チョコチップオレオベーグル 70

黒糖くるみベーグル 72

いちじくクリームチーズベーグル 73

ほうじ茶ベーグル／ほうじ茶あんベーグル 74

黒ごまベーグル／黒ごまスイートポテトベーグル 76

おさつシュガーバターベーグル 78

はちみつ豆乳ベーグル 80

4 満足度大！惣菜系ベーグル

だし香る昆布チーズベーグル 82

だし香るきんぴらごぼうベーグル 83

フォカッチャベーグル／
青じそフォカッチャベーグル〜ごま油香るしらすとチーズ〜／
トマトバジルフォカッチャベーグル 84

ほうれん草ベーグル 87

"ベーコーン"ほうれん草ベーグル 88

ポテトカレーベーグル 90

ウインナーカレーベーグル 92

黒ごまオニオンチーズベーグル 94

STAFF
デザイン…仲島綾乃
撮影…よねくらりょう
スタイリング…来住昌美
校正…麦秋アートセンター
協力…マスダアイミ
　　　なお(kokoパン教室)
　　　Asami
編集協力…須川奈津江
編集…馬庭あい(KADOKAWA)

あとがき 95

ベーグルの基本材料

ベーグル作りに必要な基本的な材料です。
トッピングなどの材料は各レシピに記載しています。

.... 基本の材料 ....

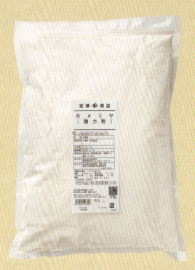

強力粉
パン作りやベーグル作りで主に使うのは強力粉です。強力粉は薄力粉と比べてたんぱく質の含有量が多く、水と合わさることで弾力のあるグルテンが作られ、ボリュームのあるパンができます。この本では、スーパーでも手に入りやすい「カメリヤ」のほか、「キタノカオリ」「春よ恋」を使用しています。

インスタントドライイースト
イーストには生地を発酵させたりふくらませたりする役割があります。開封後は、鮮度を保つため、密閉して、冷凍庫か冷蔵庫で保存しましょう。この本では、「ドライイースト」と表記しています。

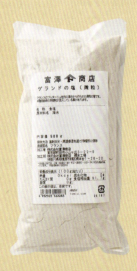

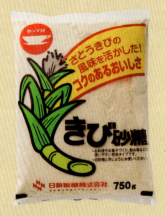

塩
パンに味付けをしたり生地を引き締める役割があります。この本では「ゲランドの塩」を使用しています。

砂糖
生地に甘みややわらかさを加えるほか、イーストの働きを助ける役割もあります。この本では、きび砂糖を使用しています。

水
小麦粉と水が混ざることでグルテンが形成されます。この本では水道水を使用しています。

● ケトリング

はちみつ
二次発酵のあと、焼成前にお湯でベーグル生地をゆでる（ケトリング／P12参照）ときに、はちみつを加えた湯を使うことで、もっちっとした食感とともにツヤを出すことができます。はちみつがない場合は、砂糖で代用してもOKです。

重曹
プレッツェルは、ケトリングのときにはちみつではなく重曹を加えます。本来は、苛性ソーダという薬品を使いますが、この本では家庭でも扱いやすい重曹を使用しています。

● その他

準強力粉
プレッツェルベーグル（P36）は、強力粉ではなく準強力粉を使用します。準強力粉を使うことで、プレッツェル特有の少しハードな食感を出すことができます。

材料協力：株式会社富澤商店
https://tomiz.com/　TEL：0570-001919

この本の使い方

- 強力粉は「カメリヤ」「キタノカオリ」「春よ恋」を使用しています。ほかの強力粉を使って作る場合は、加える水分量が多少変わる可能性があるので、様子を見て調節してください。
- 焼成時間は目安です。お使いのオーブンによって異なるため、様子を見ながら調節してください。
- 小さじは5mL、大さじは15mL。材料（液体）でg表記のものはデジタルスケールで量ります。
- 電子レンジは600Wのものを使用しています。
- 生地を発酵させるときは、発酵器を使用しています。
- オーブンの発酵機能を使う場合は、オーブンのスチーム機能を使うか、お湯を入れたカップなどと一緒に加湿しながら発酵させてください。二次発酵の途中からオーブンの予熱を開始するには、発酵終了時間より早めに取り出し、30℃くらいを保てる環境で乾燥しないように注意しながら発酵させてください。
- オーブンに発酵機能がない場合は、冬は暖かい部屋、浴室、お湯を張った発泡スチロールの上、ホットカーペットの上（温度が高くなりすぎないように注意）などに、夏はエアコンの効いていない部屋に置き、お湯を入れたカップなどと一緒に袋をかぶせて乾燥しないように発酵させてください。
- 湿度などによっても発酵のスピードが異なるため、様子を見ながら発酵時間を調節してください。

ベーグル作りに必要な道具

この本のベーグルを作るときに使う、主な道具についてご紹介します。

めん棒
生地を平らにのばすときに使用します。

ボウル
生地に使う材料を混ぜるときに使用します。直径20〜24cmくらいのものを使うのがおすすめです。

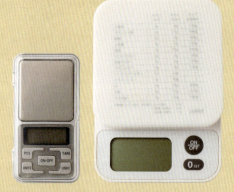

カード
生地を分割したり、台からはがしたりするときに使用します。スケッパーとも呼ばれます。

デジタルスケール
材料の計量に使用します。正確に計量できるデジタル式で、0.1g単位で量れるものを用意しましょう。こだわりたい場合は、0.01g単位で量れる微量計もあると便利です。

ゴムベラ
パン生地以外のダマンド生地やメロンパン生地などを作るときに使用します。

カミソリ
生地にクープ(P12参照)という切り込みを入れるときに使います。この本のベーグル生地の場合、クープナイフではなく、カミソリが使いやすくておすすめです。未使用のものを用意しましょう。

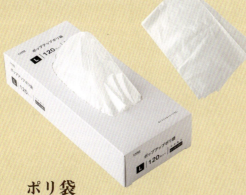

スケール
生地を成形するときに使用します。

ポリ袋
材料を撹拌したり、生地を発酵させたりするときに乾燥防止のために使用します。それぞれ未使用の食品用のポリ袋と、45Lのゴミ袋を用意しましょう。

網じゃくし
ケトリングのときに、ベーグルを裏返したり取り出したりするときに使用します。

フライパン
ケトリングのときに使用します。1Lの水と分量のベーグルが入る直径25cm以上のものを使用しましょう。鍋でも構いません。

ミトン、軍手
オーブンの天板や焼き立てのベーグルをつかむときに使用します。

オーブンシート
オーブンの天板に敷いたり、カットしてケトリング前の生地を置いたりするときに使用します。30〜33cm幅のものが便利です。繰り返し使えるものでもOKです。

その他
・キッチンペーパー
・キッチンタイマー
・ケーキクーラー

レシピによって使用
・フライパン用ホイル
・ビニール手袋
・茶こし
・キッチンバサミ

ベーグル作りの基本動作

生地のこね方や混ぜ込みの仕方などの基本動作です。
レシピを見て作り始める前にチェックしておきましょう。

〈こね方〉　①〜③の順番で、合わせて5分、休まずにしっかりこねる。

3分 台にこすりつけるようにしてこねる。

1分 押しまとめるようにしてこねる。

1分 V字を描くように転がしながらこねる。

〈丸め方〉

分割した生地を、きれいな面を上にして手のひらで軽くつぶす。

生地を手にのせ、外側の生地を内側に入れ込むようにして丸める。同じことを数回繰り返し、丸くする。

形をととのえ、とじ目はつまんでとじ、下にする。大きい生地を丸めるときも、同じように行う。

〈分割の仕方〉

①

②

生地全体の重さを量る。その重さを分割する数で割って、1個あたりの重さを計算する。例えば、484.5gを5分割する場合は、484.5÷5≒97で、1個あたりの重さは97gとなる。

生地の2/3くらいの位置まで切り込みを入れて、太い棒状にする。

③

④

分割する数で、だいたい等分に切り分ける。

①で計算した1個ずつの重さになるように、デジタルスケールで量りながら足したり減らしたりして、同じ重さに調整する。生地を足すときは、きれいな面ではなく断面（のちにとじ目となる）の方にくっつける。

〈混ぜ込みの仕方〉

混ぜ込み用の材料がある場合は、こね終わったあとに混ぜ込みを行う。

①

生地を平らに広げ、混ぜ込む材料（ここでは黒いりごま）をのせて、半分に切る。

③

さらに半分に切って重ね、同じく手のひらでぎゅっと押さえる。

②

半分に切った生地を重ねて、手のひらでぎゅっと押さえる。

④

生地の全体に混ぜ込む具材が行き渡るまで優しくこねる（混ぜ込む具材がつぶれないように注意！）。

パン作り、ベーグル作りで役立つ用語集

ベーグル作りでよく登場する用語について解説します。

【ケトリング】 二次発酵が終わった生地をゆでること。ゆでることで生地が膨張し、オーブンで焼くと膨らみが抑えられるので、もっちりした食感に仕上がる。また、生地の中のデンプンが糊化して、中はギュッと詰まった食感に、表面にはツヤとハリが生まれる。ベーグルやプレッツェル作りには欠かせない工程。

【撹拌】 材料をよく混ぜ合わせること。

【オートリーズ】 粉と水を混ぜ合わせ、しばらく休ませること。この間に粉が水分を吸収し、のびのよい生地になる。「オートリーズ」は、フランス語で「自己融解」という意味がある。

【ベンチタイム】 成形する前の生地を休ませること。休ませることで生地が緩み、成形しやすくなる。

【オーバーナイト】 生地を、低温(冷蔵庫など)で一晩発酵させ、翌日焼き上げること。低温長時間発酵とも言う。夜寝ている間に発酵するので、時間がないけれど、パンを作りたい人におすすめの製法。

【クープ】 生地の表面に切り込みを入れること。また、切り込みそのもののことを言う。クープナイフやカミソリでクープを入れることで、焼成時に生地が切り込みから広がり、美しい割れ目ができる。

1
ベーグル作りの基本とプレーン生地で作るベーグル

プレーンベーグル

この本のベーグル作りの基本になるプレーンベーグルの作り方です。
まずはこのページで作り方を確認してから、
ほかのレシピにもチャレンジしてみてくださいね。

材料（5個分）
生地
　強力粉…300g
　きび砂糖…10g
　塩…5g
　ドライイースト…1g
　水…185g

ケトリング用
　水…1L
　はちみつ（または砂糖）…大さじ1

準備
・オーブンシートを9cm四方にカットしたものを5枚作る。
・ポリ袋に強力粉、きび砂糖、塩、イーストを入れてよく撹拌する。
・オーブン（または発酵器）を30℃に温める。

作り方

生地作り

〈オートリーズ〉
①〜②のように粉類と水を混ぜ合わせ、5分置く。

① ボウルにポリ袋の中の粉類と水を入れてカードで混ぜる。ポリ袋は取っておく。

② 粉気がなくなったらひとまとめにして、ラップをかけ、室温で5分置く。

〈こねる〉
5分間くらい、休まずにしっかりこねる。
＊こね方はP10参照。

〈一次発酵〉
粉類の撹拌に使ったポリ袋に生地を入れて、空気を抜き、30℃で40分、一次発酵させる。

分割・ベンチタイム

5分割して丸め、とじ目を下にして台に並べる。生地が乾燥しないようにボウルやプラスチックの容器などをかぶせて、室温で5分置く。
＊分割の仕方と丸め方はP10～11参照。

成形

とじ目を下にして、長方形にのばす。生地の中央にめん棒を当てて上下（前後）に転がす。このとき、生地の上下に"ため"を残しておき、その生地を左右に振り分けると、角のある長方形になる。

横13×縦10cmくらいにのばしたら、裏返し、形をととのえる。生地を奥側から手前に巻いていく。このとき、丸めた生地の表面が張るように巻く。

巻き終わりは、下から生地を引き上げて、合わせ目をつまんでとじる。同じようにすべて棒状にしていく。

先に棒状にしたものから順に生地を手で転がし、23cmくらいの長さにする。

片方の端をめん棒で広げる。

とじ目が上になった状態のまま円を作り、広げた方の生地で反対側の端を包む。

⑦

合わせ目はしっかりつまんでとじる。9cm四方に切り分けておいたオーブンシートに、合わせ目を下にして1個ずつのせる。

二次発酵・予熱

オーブンシートを敷いた天板に⑦をのせて、45Lのゴミ袋など大きなポリ袋に天板ごと入れて30℃で40分、二次発酵させる。ケトリング時に予熱が上がっているように、予熱の終了時刻から逆算して、オーブンの予熱（200℃）を開始する。鍋に湯を沸かし、はちみつを加え、ケトリングの準備をする。

＊二次発酵で生地の発酵にオーブンの発酵機能を使う場合、途中からオーブンの予熱を開始するには、発酵終了時刻より早めに取り出す必要があります。残りの時間も、30℃くらいを保てる環境で乾燥させないように注意しながら発酵させてください（冬は暖かい部屋、浴室、お湯を張った発泡スチロールの上、ホットカーペットの上、夏はエアコンの効いていない部屋など）。

ケトリング

①

85〜90℃のお湯（底がぽこぽこするくらいが目安）に、オーブンシートごと入れる。オーブンシートの面が下になるように入れて20秒ゆでる。

②

裏返して、シートを優しくはがして20秒ゆでる。
＊お湯は熱いので注意して行う。

③

ゆで上がったら、網じゃくしですくい取り、キッチンペーパーの上で軽く水分を切り、オーブンシートを敷いた天板にのせる。

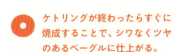

ケトリングが終わったらすぐに焼成することで、シワなくツヤのあるベーグルに仕上がる。

焼成

200℃で17〜18分焼く。途中10分経ったら天板の前後を入れ替える。焼き上がったら、クーラー等に移して粗熱を取る。

エブリシングベーグル

シーズニングをまぶして焼いた
ニューヨークスタイルのおしゃれなベーグル。
香ばしいシーズニングが食欲をそそります。

材料（5個分）

生地
- 強力粉…300g
- きび砂糖…10g
- 塩…5g
- ドライイースト…1g
- 水…185g

ケトリング用
- 水…1L
- はちみつ（または砂糖）…大さじ1

エブリシングスパイス
- 白いりごま…大さじ2
- フライドオニオン…大さじ2
- けしの実（青）…大さじ1
- 粗びきガーリック…小さじ1
- 塩…小さじ2/3

準備
・オーブンシートを9cm四方にカットしたものを5枚作る。
・ポリ袋に強力粉、きび砂糖、塩、イーストを入れてよく撹拌する。
・エブリシングスパイスを作る。フライドオニオンはポリ袋に入れてめん棒でたたき細かくしておく（a）。全ての材料をポリ袋に入れて振り、よく混ぜ合わせる。
・オーブン（または発酵器）を30℃に温める。

フライドオニオンは、細かくたたいておくことで焦げにくくなります。

🔴 エブリシングスパイスはボウルや器の中では混ざらないので、ポリ袋やプラスチックの容器に入れて振り混ぜてください。

作り方

生地作り
「プレーンベーグルの作り方 生地作り（P15）」を参照し、一次発酵まで同じように作る。

分割・ベンチタイム
5分割して丸め、ボウル等をかぶせて室温で5分置く。
＊分割の仕方と丸め方はP10〜11参照。

成形
「プレーンベーグルの作り方 成形（P16）」を参照して、同じように作る。

二次発酵・予熱
天板ごと大きなポリ袋に入れ、30℃で40分、二次発酵させる。オーブンは200℃に予熱する。ケトリング用の湯を沸かし、はちみつを加える。エブリシングスパイスは平らな器に入れる。

ケトリング
利き手にビニール手袋をして作業する。85〜90℃の湯にシートごと入れ、20秒ゆでる。ひっくり返したら、優しくシートをはがし、20秒ゆでて取り出す。キッチンペーパーで軽く水分を切る。

トッピング
手袋をした方の手でベーグルを持ち、上面にたっぷりとスパイスをつけ、オーブンシートを敷いた天板にのせる。

焼成
200℃のオーブンで17〜18分焼く。途中10分経ったら天板の前後を入れ替える。焼き上がったら、クーラーに移して粗熱を取る。

エブリシングベーグルは、クリームチーズとも相性抜群です。

お花ベーグル

生地はプレーンベーグルと同じだけど、
成形をお花の形にして、思い切りかわいく。
ちょっとコツがいりますが、
この仕上がりのかわいさは
試す価値ありですよ!

材料(4個分)
生地
　強力粉…150g
　きび砂糖…5g
　塩…2.5g　　　　　ケトリング用
　ドライイースト…0.5g　　水…1L
　水…93g　　　　　はちみつ(または砂糖)…大さじ1

準備
- オーブンシートを9cm四方にカットしたものを4枚作る。
- ポリ袋に強力粉、きび砂糖、塩、イーストを入れてよく撹拌する。
- オーブン（または発酵器）を30℃に温める。

作り方

生地作り　「プレーンベーグルの作り方 生地作り（P15）」を参照し、一次発酵まで同じように作る。

分割・ベンチタイム　4分割して丸め、ボウル等をかぶせて室温で5分置く。
＊分割の仕方と丸め方はP10〜11参照。

成形　❶生地のとじ目を下にして長方形にのばす。横16×縦7cmくらいにのばしたら、裏返す。

❷
上から1/3折りたたみ、上下を逆さにしてまた上から1/3折りたたむ。つど、手のひらの付け根で押さえて空気を抜く。最後は空気を抜きながら半分に折りたたみ、指でつまんでとじる。同様に4本とも棒状にする。

❸
生地を手のひらで優しく転がしてのびなくなったら次の生地、と休ませながら4本とも35cm以上にのばす。左を長く、右を短く輪っかを作る。

❹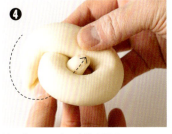
輪の中に長い方の生地を通す。

❺
同じように、もう一度通し、生地の裏側で端と端をくっつけてしっかりつまんでとじる。強くひっぱったり、きつく結びすぎると、発酵〜焼成で切れてしまうので注意。

❻
裏返して、お花の形にととのえたら、切り分けたオーブンシートにのせる。

二次発酵・予熱　天板ごと大きなポリ袋に入れ、30℃で40分、二次発酵させる。オーブンは220℃に予熱する。ケトリング用の湯を沸かし、はちみつを加える。

ケトリング　85〜90℃の湯にシートごと入れ、20秒ゆでる。ひっくり返したら、優しくシートをはがし、20秒ゆでて取り出す。キッチンペーパーで軽く水分を切り、オーブンシートを敷いた天板にのせる。

焼成　220℃のオーブンで13〜14分焼く。途中8分経ったら天板の前後を入れ替える。焼き上がったら、クーラーに移して粗熱を取る。

塩バターベーグル

ベーグル生地を、塩パン風の味わい&成形に。
フライパン用ホイルを敷いて焼いて、
バターを余すことなく生地に染み込ませるのがおいしさの秘訣です。

材料(4個分)
生地
　強力粉…150g
　きび砂糖…5g
　塩…2.5g
　ドライイースト…0.5g
　水…93g
巻き込み用
　バター(食塩不使用)…24g
　(1個あたり6g)

ケトリング用
　水…1L
　はちみつ(または砂糖)
　…大さじ1
トッピング
　塩(フルール・ド・セルなど
　結晶塩)…適量

準備
・オーブンシートを9cm四方にカットしたものを4枚作る。
・フライパン用ホイルを10cm四方に切ったものを4枚作り、浅い器の形にする。
・巻き込み用のバターは6gずつに分け、ラップに包んで握り、長さ5cm程度の棒状にして、冷蔵庫に入れておく(a)。
・ポリ袋に強力粉、きび砂糖、塩、イーストを入れてよく撹拌する。
・オーブン(または発酵器)を30℃に温める。

a

作り方

生地作り	「プレーンベーグルの作り方 生地作り（P15）」を参照し、一次発酵まで同じように作る。
分割・ベンチタイム	4分割して丸め、ボウル等をかぶせて室温で5分置く。 ＊分割の仕方と丸め方はP10〜11参照。

成形

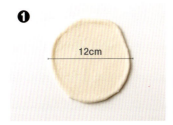

❶ 生地のとじ目を下にして置く。中心から上、下、中心から左、右と対称にめん棒を当てて直径12cmくらいに広げる。

❷ 裏返して、右手を支点にして左手で生地を転がし、しずく形にする。合わせ目は指でつまんでとじる。同様に4本ともしずく形にする。

❸ 片方は太く、片方は細いまま優しく転がして15cmくらいのしずく形にする。

❹ とじ目を上にして、生地の下の方を台からはがし、引きながらめん棒を転がし、縦27cmにする。

❺ 上はめん棒を当てて7cmくらいになるようにのばす。

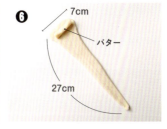

❻ バターを上の方に置く。

❼ 生地を手前にたたんでバターを包み、指先で一度生地を押さえる。

❽ 中心がずれないように注意して、手前に優しくくるくると巻いていき、合わせ目は指でつまんでとじる。

❾ ケトリング時にバターが溶け出さないよう、左右もつまんでとじる。裏返して、形をととのえたら、切り分けたオーブンシートにのせる。

二次発酵・予熱	天板ごと大きなポリ袋に入れ、30℃で40分、二次発酵させる。オーブンは230℃に予熱する。ケトリング用の湯を沸かし、はちみつを加える。
ケトリング	85〜90℃の湯にシートごと入れ、優しくシートをはがし、転がしながら40秒ゆでて取り出す。軽く水分を切り、フライパン用ホイルにのせ、天板にのせる。
トッピング	塩をひとつまみずつトッピングする。
焼成	230℃のオーブンで13〜15分焼く。途中8分経ったら天板の前後を入れ替える。焼き上がったら、クーラーに移して粗熱を取る。ホイルのバターを吸収したらホイルを外す。

 焼成時、オーブンシートにのせて焼くと、シートがバターを吸ってしまうので、生地にバターを吸収させるためにフライパン用ホイルを使用します。

お団子ベーグル

市販のお団子を生地で包んで焼きました。
お団子のもちもちと低温で焼き上げた
ベーグル生地のもちもちが
ダブルで楽しめますよ。

材料（3個分）

生地
| 強力粉…150g
| きび砂糖…5g
| 塩…2.5g
| ドライイースト…0.5g
| 水…93g

巻き込み用
| 串団子（あん）…3本

ケトリング用
| 水…1L
| はちみつ（または砂糖）
| …大さじ1

その他
| 強力粉…適量

準備
・オーブンシートを9cm四方にカットしたものを3枚作る。
・ポリ袋に強力粉、きび砂糖、塩、イーストを入れてよく撹拌する。
・オーブン（または発酵器）を30℃に温める。

作り方

生地作り　「プレーンベーグルの作り方 生地作り（P15）」を参照し、一次発酵まで同じように作る。

分割・ベンチタイム　3分割して丸め、ボウル等をかぶせて室温で5分置く。
＊分割の仕方と丸め方はP10〜11参照。

成形　❶生地のとじ目を下にして長方形にのばす。横15×縦10cmくらいにのばしたら、裏返す（お団子のサイズに合わせ、横は編んでお団子がゆったり包めるくらい、縦はお団子よりも少し長いくらいのサイズにするとよい）。

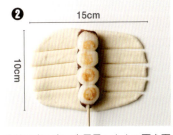

❷ 生地の真ん中に串団子のあんの面を下にして置き、カードで左右4箇所にずつ均等に切り込みを入れる。

❸ 生地を上から手前に引き、左右交互に編んでいく。

❹ 編み終わりは指先で中に押し込む。切り分けたオーブンシートにのせる。

二次発酵・予熱　天板ごと大きなポリ袋に入れ、30℃で40分、二次発酵させる。オーブンは160℃に予熱する。ケトリング用の湯を沸かし、はちみつを加える。

ケトリング　85〜90℃の湯にシートごと入れ、優しくシートをはがし、転がしながら40秒ゆでて取り出す。キッチンペーパーで軽く水分を切り、オーブンシートを敷いた天板にのせる。

仕上げ　焼成前に茶こしで強力粉をふる。

焼成　160℃のオーブンで18〜19分焼く。途中12分経ったら天板の前後を入れ替える。焼き上がったら、クーラーに移して粗熱を取る。

メロンパンベーグル

クランベリーの爽やかな風味と
クッキー生地の甘くざっくりした食感が相性抜群。
個人的にも特にお気に入りのベーグルです。

材料（5個分）
生地
- 強力粉…300g
- きび砂糖…10g
- 塩…5g
- ドライイースト…1g
- 水…190g

混ぜ込み用
- ドライクランベリー…30g

クッキー生地
- バター（食塩不使用）…25g
- グラニュー糖…60g
- 卵…40g（室温に戻す）
- 薄力粉…120g
- グラニュー糖（上面につける）
- …適量

巻き込み用（1個あたり約25g）
- クリームチーズ…100g
- ドライクランベリー…10g
- グラニュー糖…20g

ケトリング用
- 水…1L
- はちみつ（または砂糖）…大さじ1

準備
- オーブンシートを9cm四方にカットしたものを5枚作る。
- クランベリーはすべてみじん切りにする。
- 巻き込み用のクリームチーズは室温でやわらかくし、グラニュー糖を加えて混ぜ合わせる。みじん切りにしたクランベリー10gも混ぜ合わせて25gずつに分け、冷蔵庫で1時間以上置く（a）。
- ポリ袋に強力粉、きび砂糖、塩、イーストを入れてよく撹拌する。
- オーブン（または発酵器）を30℃に温める。

・クッキー生地を作る

1 バターは室温でマヨネーズよりも少しかたいくらいにして、グラニュー糖を加えゴムベラで混ぜ合わせる。
2 室温に戻して溶きほぐした卵を3回に分けて1に加え、そのつどホイッパーで混ぜ合わせる。
3 ふるった薄力粉を入れ、切るようにしてゴムベラで混ぜる。粉気がなくなったら混ぜるのをすぐにやめてラップで包み、1時間以上休ませる。
4 5分割して丸め、ラップで挟んで直径11cmの円にする。
5 皿に広げたグラニュー糖に生地の片面を押しつけてグラニュー糖をつけ(b)、カードで格子模様をつける(c)。模様の深さは2mmくらいが目安。
6 ケトリング後に生地にかぶせるまで1枚ずつラップに包み、冷蔵庫で冷やしておく。

🍩 混ぜすぎない！ 練らない！のが、ザクホロ食感のコツです。

作り方

生地作り
「プレーンベーグルの作り方 生地作り(P15)」を参照し、一次発酵まで同じように作る。P11の混ぜ込みの仕方を参照して、クランベリー30gを混ぜ込む。

分割・ベンチタイム
5分割して丸め、ボウル等をかぶせて室温で5分置く。
＊分割の仕方と丸め方はP10～11参照。

成形
❶「プレーンベーグルの作り方 成形(P16)」を参照して、①まで同じように作る。

❸上から(a)を包むように生地を折りたたみ、密着させてから手のひらのつけ根で優しく押して空気を抜く。生地を張らせながら棒状にして、合わせ目は生地をつまんでとじる。同様に5本とも棒状にする。

❹「プレーンベーグルの作り方 成形④～⑦」を参照して同じように作る。

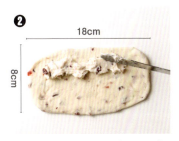

横18×縦8cmくらいの長方形にのばす。裏返したら生地の上の方に(a)を25gのせる。左右2cm余白をあけておく。

二次発酵・予熱
天板ごと大きなポリ袋に入れ、30℃で40分、二次発酵させる。オーブンは200℃に予熱する。ケトリング用の湯を沸かし、はちみつを加える。

ケトリング
85～90℃の湯にシートごと入れ、20秒ゆでる。ひっくり返したら、優しくシートをはがし、20秒ゆでて取り出す。キッチンペーパーで軽く水分を切り、オーブンシートを敷いた天板にのせる。

仕上げ
クッキー生地をのせて、手でそっとベーグル生地になじませたら指で中央に穴をあける。

焼成
200℃のオーブンで17～18分焼く。途中10分経ったら天板の前後を入れ替える。焼き上がったら、クーラーに移して粗熱を取る。

ベーグルエピ

"エピ好き"に送る
ベーグル生地のエピです。
巻き込んだ青じそが爽やかな仕上がりで
あとを引く味わいです。
青じそは、案外パンにも合うんです。

材料（5個分）

生地
- 強力粉…300g
- きび砂糖…10g
- 塩…5g
- ドライイースト…1g
- 水…190g

巻き込み用
- ベーコン（薄切り）…50g（1個あたり10g）
- 青じそ…5枚〜
- 粒マスタード…適量

ケトリング用
- 水…1L
- はちみつ（または砂糖）…大さじ1

トッピング
- 粗びき黒こしょう…適量

準備
- オーブンシートを9cm四方にカットしたものを5枚作る。
- 巻き込み用のベーコンは1cm四方に切る。
- 青じそは縦半分に切る。
- ポリ袋に強力粉、きび砂糖、塩、イーストを入れてよく撹拌する。
- オーブン（または発酵器）を30℃に温める。

作り方

生地作り
「プレーンベーグルの作り方 生地作り（P15）」を参照し、一次発酵まで同じように作る。

分割・ベンチタイム
5分割して丸め、ボウル等をかぶせて室温で5分置く。
＊分割の仕方と丸め方はP10〜11参照。

成形
❶「プレーンベーグルの作り方 成形（P16）」を参照して、①まで同じように作る。

❸上から具材を包むように生地を折りたたみ、密着させてから手のひらのつけ根で優しく押して空気を抜く。生地を張らせながら棒状にして、合わせ目は生地をつまんでとじる。同様に5本とも棒状にする。
❹「プレーンベーグルの作り方 成形④〜⑦」を参照して同じように作る。

❷ 横18×縦8cmくらいの長方形にのばす。裏返したら生地の上の方に切った青じそ、粒マスタード、ベーコンの順にのせる。

二次発酵・予熱
天板ごと大きなポリ袋に入れ、30℃で40分、二次発酵させる。オーブンは230℃に予熱する。ケトリング用の湯を沸かし、はちみつを加える。

ケトリング
利き手でない方の手にビニール手袋をして作業する。85〜90℃の湯にシートごと入れ、20秒ゆでる。ひっくり返したら、優しくシートをはがし、20秒ゆでて取り出す。キッチンペーパーで軽く水分を切り、オーブンシートを敷いた天板にのせる。

仕上げ
手袋をした方の手で生地を押さえながら、キッチンバサミで6〜7箇所、具材が見えるくらいまで斜めに切り込みを入れる。ハサミを入れたら切ったところを持ち上げながらやや外側に開く。粗びき黒こしょうをふる。作業は手早く行い、なるべく早く焼成する。

焼成
230℃のオーブンで15〜16分焼く。途中10分経ったら天板の前後を入れ替える。焼き上がったら、クーラーに移して粗熱を取る。

イングリッシュマフィンベーグル

ベーグルをイングリッシュマフィンのような形に焼き上げました。
生地に混ぜ込んだこしょうが効いて、
大人の味わいに。カリッとしたチーズも美味です。

材料（5個分）

生地
| 強力粉…300g
| きび砂糖…10g
| 塩…5g
| ドライイースト…1g
| 粗びき黒こしょう…3.5g
| 水…185g

混ぜ込み用
| プロセスチーズ…75g

ケトリング用
| 水…1L
| はちみつ（または砂糖）…大さじ1

トッピング
| コーンミール…適量

準備
・オーブンシートを9cm四方にカットしたものを5枚作る。
・プロセスチーズは0.5〜0.8cm角に切る。
・ポリ袋に強力粉、きび砂糖、塩、粗びき黒こしょう、イーストを入れてよく撹拌する。
・オーブン（または発酵器）を30℃に温める。

作り方

生地作り
「プレーンベーグルの作り方 生地作り（P15）」を参照し、一次発酵まで同じように作る。P11の混ぜ込みの仕方を参照して、プロセスチーズを混ぜ込む。

分割・ベンチタイム
5分割して丸め、ボウル等をかぶせて室温で5分置く。
＊分割の仕方と丸め方はP10〜11参照。

成形
「プレーンベーグルの作り方 成形（P16）」を参照して、同じように作る。

二次発酵・予熱
天板ごと大きなポリ袋に入れ、30℃で40分、二次発酵させる。オーブンは210℃に予熱する。ケトリング用の湯を沸かし、はちみつを加える。コーンミールは平らな器に入れる。

ケトリング
利き手にビニール手袋をして作業する。85〜90℃の湯にシートごと入れ、20秒ゆでる。ひっくり返したら、優しくシートをはがし、20秒ゆでて取り出す。キッチンペーパーで軽く水分を切る。

トッピング
手袋をした方の手でベーグルを持ち、上面にコーンミールをつける。オーブンシートを敷いた天板にのせる。

焼成
オーブンシートを上にかぶせ、べつの天板で重しをして（a）、210℃のオーブンで13〜14分焼く。焼き上がったら、クーラーに移して粗熱を取る。

ねこベーグル

ピンッと立った耳が特徴の
ねこベーグル。
生地はプレーンベーグルと同じなので、
変わった成形に
チャレンジしたいときや、
子どもと楽しみたいときにも
おすすめです。

材料（3個分）

生地
| 強力粉…150g
| きび砂糖…5g
| 塩…2.5g
| ドライイースト…0.5g
| 水…93g

ケトリング用
| 水…1L
| はちみつ（または砂糖）…大さじ1

猫の顔用
| ココアパウダー…適量
| 水…適量

準備
・オーブンシートを9cm四方にカットしたものを3枚作る。
・ポリ袋に強力粉、きび砂糖、塩、イーストを入れてよく撹拌する。
・オーブン（または発酵器）を30℃に温める。

作り方

生地作り　「プレーンベーグルの作り方 生地作り（P15）」を参照し、一次発酵まで同じように作る。

分割・ベンチタイム　生地から30g分を先に分ける。残り（本体）を3分割して丸める。30g分の生地は、前足のパーツ2.5g×6個、しっぽのパーツ5g×3個に分ける。前足のパーツは丸め、しっぽのパーツは棒状にする。ボウル等をかぶせて室温で5分置く。

成形　❶「プレーンベーグルの作り方 成形（P16）」を参照して、本体は同じように作る。❷の生地をのばす工程は、横13×縦7cmにのばす。❹の工程は18cmにのばす。

前足のパーツは、きれいに丸めて端を指で押して薄くして、薄い部分を本体の下の面に指先でしっかりつまんで密着させる。

しっぽのパーツは表面をきれいにして形をととのえ、前足と反対側に本体に添わせてくっつける。爪楊枝で軽く押し込み、本体にくっつける。

二次発酵・予熱　天板ごと大きなポリ袋に入れ、30℃で40分、二次発酵させる。オーブンは200℃に予熱する。ケトリング用の湯を沸かし、はちみつを加える。ココアは少量の水で溶く（a）。

a　水は少量ずつ足して、左の写真くらいのかたさにする。

ケトリング　85～90℃の湯にシートごと入れ、20秒ゆでる。ひっくり返したら、優しくシートをはがし、20秒ゆでて取り出す。キッチンペーパーで軽く水分を切り、オーブンシートを敷いた天板にのせる。

仕上げ　キッチンバサミの先で耳になる部分（前足の上の生地）に切り込みを入れ、切った部分を少しピンと立たせる。

焼成　200℃のオーブンで16～17分焼く。途中10分経ったら天板の前後を入れ替える。焼き上がったら、クーラーに移して粗熱を取り、水で溶いたココアを爪楊枝の頭につけてねこの顔を描く。

ベーグルのおいしい保存方法と
リベイクの仕方

たくさん焼いて食べきれない場合の冷凍保存の方法と解凍方法、おすすめのリベイク方法をご紹介します。

保存方法

焼いて、翌日までに食べないベーグルは、冷凍保存しましょう。粗熱が取れたら1個ずつラップで包み、密閉保存袋に入れて冷凍します。

解凍方法

食べる前に、必ず"常温"で解凍しましょう。保存するときも同様ですが、パンは冷蔵庫に入れるとデンプンの劣化でかたくなってしまいます。なので、解凍するときも常温で解凍しましょう。

おすすめのリベイクの仕方

お好みの食感によって、リベイク方法を使い分けてみてください。

◎パリッとさせたい→**トーストする**

予熱したトースターで焦げないように注意しながら焼き戻す。

◎ふわモチにしたい→**蒸す**

蒸し器で3~5分、ベーグルが濡れないように注意しながら蒸す。

◎ふかふかにしたい→**レンチンする**

ラップで包んだまま電子レンジ(600W)で20秒ほど加熱する。そのあと軽くトーストすると表面がパリッとなります。

2

すぐに作ってみたくなる！
"今っぽベーグル"

プレッツェルベーグル／ミニプレッツェルベーグル

プレッツェルは独特なねじりのある形が
特徴のドイツ発祥のパンです。
絵文字みたいなミニプレッツェルの
作り方も合わせてご紹介します。

材料（各5個分）
生地

〈プレッツェルベーグル〉
- 準強力粉…180g
- ライ麦粉…20g
- きび砂糖…10g
- 塩…3g
- ドライイースト…1g
- 水…110g
- バター（食塩不使用）…15g

〈ミニプレッツェルベーグル〉
- 準強力粉…90g
- ライ麦粉…10g
- きび砂糖…5g
- 塩…1.5g
- ドライイースト…0.5g
- 水…55g
- バター（食塩不使用）…8g

ケトリング用（共通）
- 水…750mL
- 重曹…30g

トッピング用
- プレッツェルソルト…適量
- けしの実（青）…適量

準備（共通）
- オーブンシートを9cm四方にカットしたものを5枚作る。
- ポリ袋に準強力粉、ライ麦粉、きび砂糖、塩、イーストを入れてよく撹拌する。
- バターは室温に戻しておく。
- オーブン（または発酵器）を30℃に温める。

作り方

生地作り　「プレーンベーグルの作り方 生地作り（P15）」を参照し、オートリーズまで同じように作る。台にこすりつけるように力を込めて3分こねたら、室温に戻したバターを加え、バターがなじんでから2分、同様にこねる。生地全体がムラなくつるんとしたら、こねあがり。粉類の撹拌に使ったポリ袋に生地を入れて、空気を抜き、30℃で30分、一次発酵させる。

分割・ベンチタイム　5分割して丸め、ボウル等をかぶせて室温で5分置く。
＊分割の仕方と丸め方はP10〜11参照。

成形　❶ とじ目を下にして、楕円にのばす。横10×縦25cmくらいにのばしたら、裏返し、形をととのえる。ミニプレッツェル（以下ミニ）は、横7×縦22cmの長方形にのばす。

❷ 生地を横向きに置き、手前からくるくるときつく巻いていく。5本とも同様に巻く。

❸ 最初に巻き終わった生地から順に、手のひらで転がし、40〜45cmにのばす。ミニは、40cmにのばす。このとき、真ん中を太く、両端を細くなるようにのばす。ミニは太さを均一にのばす。途中、のびにくくなったら一旦ほかの生地をのばしながら、最終的に40〜45cmになるようにするとよい。

❹ とじ目を下にして置き、U字にしたあと生地の左右を一度ねじる。

❺ ねじった部分を手前に折りたたみ、端を指で押さえてとめる。少量の水をつけると、はずれにくい。切り分けたオーブンシートにのせる。

二次発酵・予熱　天板ごと大きなポリ袋に入れ、30℃で15分、二次発酵させる。オーブンは190℃（ミニは210℃）に予熱する（二次発酵が短いので予熱はすぐに始める）。ケトリング用の湯をフライパンに沸かし、重曹を入れ、必ず一度沸騰させる。

ケトリング　85〜90℃のお湯に、オーブンシートの面が上になるようにして2〜3個ずつ（ミニは5個）入れ、シートはすぐに外す。そのまま30秒ゆでる。接着部分が外れないように注意しながら網じゃくしで取り出し、裏返してオーブンシートを敷いた天板にのせる。

仕上げ　生地を2分乾燥させる。その間に、プレッツェルソルトとけしの実を上にちらす。ミニはプレッツェルソルトだけをちらす。生地の太い部分にクープを横に1本入れる（a）。ミニはクープは入れない。

焼成　190℃のオーブンで14〜15分焼く。途中10分経ったら天板の前後を入れ替える。ミニは210℃で9分焼く。途中6分経ったら天板の前後を入れ替える。焼き上がったら、クーラーに移して粗熱を取る。

クープ

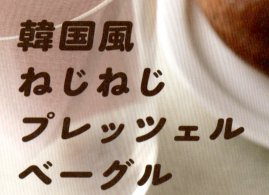

韓国風
ねじねじ
プレッツェル
ベーグル

韓国で大流行中のプレッツェルベーグル。
生地をねじねじとねじる成形が特徴です。
そのまま食べても、具材をサンドするのもおすすめです。

材料（4個分）

生地
| 準強力粉…180g
| ライ麦粉…20g
| きび砂糖…10g
| 塩…3g
| ドライイースト…1g
| 水…110g
| バター（食塩不使用）…15g

ケトリング用
| 水…750mL
| 重曹…30g

準備
・オーブンシートを9cm四方にカットしたものを4枚作る。
・ポリ袋に準強力粉、ライ麦粉、きび砂糖、塩、イーストを入れてよく撹拌する。
・バターは室温に戻しておく。
・オーブン（または発酵器）を30℃に温める。

作り方

生地作り　「プレッツェルベーグルの作り方 生地作り（P37）」を参照し、同じように作る。

分割・ベンチタイム　4分割して丸め、ボウル等をかぶせて室温で5分置く。
＊分割の仕方と丸め方はP10～11参照。

成形

❶ とじ目を下にして、長方形にのばす。生地の中央にめん棒を当てて上下に転がす。横10×縦30cmくらいにのばしたら、裏返して横向きに置き、形をととのえる。

❷ 右下の生地から斜めにくるくると巻いていく。

❸ 左上の角が残るところまで巻いたら、右端の生地を持ち、ねじりながら残った左上の生地に差し込んで包む。合わせ目はつまんでとじる。

❹ 裏返して形をととのえる。切り分けたオーブンシートにのせる。

二次発酵・予熱　天板ごと大きなポリ袋に入れ、30℃で30分、二次発酵させる。オーブンは210℃に予熱する。ケトリング用の湯を沸かし、重曹を入れ、必ず一度沸騰させる。

ケトリング　85～90℃の湯にシートごと入れ、20秒ゆでる。ひっくり返したら、優しくシートをはがし、20秒ゆでて取り出す。キッチンペーパーで軽く水分を切り、オーブンシートを敷いた天板にのせ、2分乾燥させる。

焼成　210℃のオーブンで14～15分焼く。途中9分経ったら天板の前後を入れ替える。焼き上がったら、クーラーに移して粗熱を取る。

韓国風チーズポテトプレッツェルベーグル

マッシュポテトを巻き込み、
仕上げにチーズをのせた韓国で人気のベーグルを、
プレッツェルでアレンジ。"映える"ベーグルです。

材料（4個分）
生地
　準強力粉…180g
　ライ麦粉…20g
　きび砂糖…10g
　塩…3g
　ドライイースト…1g
　水…110g
　バター（食塩不使用）…15g

巻き込み用
　マッシュポテト…約120g（1個あたり30g）
　（材料と作り方は準備を参照）

ケトリング用
　水…750mL
　重曹…30g

トッピング
　とけないスライスチーズ
　　…4枚（1個あたり1枚）

準備
- オーブンシートを9cm四方にカットしたものを4枚作る。
- バターは室温に戻しておく。
- ポリ袋に準強力粉、ライ麦粉、きび砂糖、塩、イーストを入れてよく撹拌する。
- マッシュポテトを作る。
1 じゃがいも120gは皮をむき、1.5cm角に切る。鍋にじゃがいもとひたひたの水を入れてやわらかくなるまで弱火でゆでる。
2 湯を捨て、弱火にかけながら粉ふきいもを作ったら火を止めてじゃがいもをつぶし、ピザ用チーズ20g、バター5gを加えて混ぜる。
3 牛乳5gを加え、滑らかになるまで混ぜる。かための方が包みやすいので、牛乳の量はじゃがいもの種類によって調整するとよい。
4 塩ひとつまみから様子をみながら加えて、しっかりめの塩味にする。4等分にする。
- オーブン（または発酵器）を30℃に温める。

作り方

生地作り
「プレッツェルベーグルの作り方 生地作り（P37）」を参照し、同じように作る。

分割・ベンチタイム
4分割して丸め、ボウル等をかぶせて室温で5分置く。
＊分割の仕方と丸め方はP10〜11参照。

成形
❶「プレーンベーグルの作り方 成形（P16）」を参照して、①まで同じように作る。

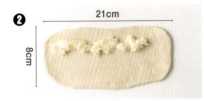

横21×縦8cmくらいの長方形にのばす。裏返したら生地の上の方にマッシュポテトの2/3量をのせる。

上から具材を包むように生地を折りたたみ、手のひらのつけ根で優しく押して空気を抜く。残りのマッシュポテトをとじ目のあたりにのせ、同じように包む。生地を張らせながら棒状にして、合わせ目はつまんでとじる。同様に4本とも棒状にする。

❹「プレーンベーグルの作り方 成形④〜⑦」を参照して同じように作る。

二次発酵・予熱
天板ごと大きなポリ袋に入れ、30℃で30分、二次発酵させる。オーブンは210℃に予熱する。ケトリング用の湯を沸かし、重曹を入れ、必ず一度沸騰させる。

ケトリング
85〜90℃の湯にシートごと入れ、20秒ゆでる。ひっくり返したら、優しくシートをはがし、20秒ゆでて取り出す。キッチンペーパーで軽く水分を切り、オーブンシートを敷いた天板にのせ、2分乾燥させる。

焼成
210℃のオーブンで15〜16分焼く。途中9分経ったら天板の前後を入れ替える。

仕上げ
焼き上がったら、クーラーに移して熱いうちにスライスチーズをのせてから粗熱を取る。

塩キャラメル
プレッツェルベーグル

市販のキャラメルをそのまま巻き込んじゃいました！
トッピングのプレッツェルソルトの塩味との甘じょっぱい風味が
たまらないベーグルです。

材料(4個分)

生地
| 準強力粉…200g
| ライ麦粉…25g
| きび砂糖…10g
| 塩…3g
| ドライイースト…1g
| 水…125g
| バター(食塩不使用)…17g

巻き込み用
| キャラメル…12粒
| (1粒4.6gのものを1個あたり
| 3粒使用)

ケトリング用
| 水…750mL
| 重曹…30g

トッピング
| プレッツェルソルト…適量
| けしの実(青)…適量

準備
・オーブンシートを9cm四方にカットしたものを4枚作る。
・ポリ袋に準強力粉、ライ麦粉、きび砂糖、塩、イーストを入れてよく撹拌する。
・バターは室温に戻しておく。
・オーブン(または発酵器)を30℃に温める。

作り方

生地作り　「プレッツェルベーグルの作り方 生地作り(P37)」を参照し、同じように作る。

分割・ベンチタイム　4分割して丸め、ボウル等をかぶせて室温で5分置く。
＊分割の仕方と丸め方はP10～11参照。

成形　❶「プレーンベーグルの作り方 成形(P16)」を参照して、①まで同じように作る。

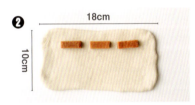
横18×縦10cmくらいの長方形にのばす。裏返したら生地の上の方にキャラメルを3粒並べる。

向こう側から具材の手前まで生地を折りたたむ。このとき、キャラメルの角が生地に当たりすぎないように、強く張らせず巻いていく。

❹「プレーンベーグルの作り方 成形③～⑦」を参照して同じように作る。

二次発酵・予熱　天板ごと大きなポリ袋に入れ、30℃で30分、二次発酵させる。オーブンは210℃に予熱する。ケトリング用の湯を沸かし、重曹を入れ、一度沸騰させる。

ケトリング　85～90℃の湯にシートごと入れ、20秒ゆでる。ひっくり返したら、優しくシートをはがし、20秒ゆでて取り出す。キッチンペーパーで軽く水分を切り、オーブンシートを敷いた天板にのせる。

仕上げ　生地を2分乾燥させる。その間に、クープを斜めに4本入れる。プレッツェルソルトとけしの実を上にちらす。

焼成　210℃のオーブンで15～17分焼く。途中10分経ったら天板の前後を入れ替える。焼き上がったら、クーラーに移して粗熱を取る。

朝ラク／もっと朝ラク オーバーナイトベーグル

前の晩に仕込んでおけば、朝に焼いてすぐ食べられる時短風ベーグルです！
一次発酵でオーバーナイトさせるベーグルと、もっと朝ラクしたいときの
二次発酵でオーバーナイトさせるベーグルをご紹介します。

材料（各5個分）
生地
　強力粉…300g
　きび砂糖…10g
　塩…5g
　ドライイースト…1g
　水…185g

ケトリング用
　水…1L
　はちみつ
　（または砂糖）…大さじ1

準備
・オーブンシートを9cm四方にカットしたものを5枚作る。
・ポリ袋に強力粉、きび砂糖、塩、イーストを入れてよく撹拌する。

作り方

〈朝ラクオーバーナイトベーグル〉

生地作り
「プレーンベーグルの作り方 生地作り（P15）」を参照し、〈こねる〉ところまで同じように作る。粉類の撹拌に使ったポリ袋に生地を入れて、空気を抜き、室温に10分置く。冷蔵庫に入れて8〜12時間発酵させる。室温が28℃以上のときは、すぐ冷蔵庫に入れる。

✦ ✦ ✦ ✦ ✦ ここから朝の工程 ✦ ✦ ✦ ✦ ✦

分割・ベンチタイム
5分割して丸める。生地が乾燥しないようにボウルやプラスチックの容器などをかぶせて、室温で20分置く。
＊分割の仕方と丸め方はP10〜11参照。

成形
「プレーンベーグルの作り方 成形（P16）」を参照して、同じように作る。

二次発酵・予熱
天板ごと大きなポリ袋に入れ、30℃で40分、二次発酵させる。オーブンは200℃に予熱する。ケトリング用の湯を沸かし、はちみつを加える。

ケトリング
85〜90℃の湯にシートごと入れ、20秒ゆでる。ひっくり返したら、優しくシートをはがし、20秒ゆでて取り出す。キッチンペーパーで軽く水分を切り、オーブンシートを敷いた天板にのせる。

〈もっと朝ラクオーバーナイトベーグル〉

生地作り〜成形
「プレーンベーグルの作り方（P15〜17）」を参照し、同じように作る。

二次発酵
生地をプラスチックの保存容器に入れ、ラップをかぶせ、ふたをする。冷蔵庫で8〜12時間発酵させる。

✦ ✦ ✦ ✦ ✦ ここから朝の工程 ✦ ✦ ✦ ✦ ✦

復温
冷蔵庫から取り出して室温に30分置き、復温させる。

 復温しなくてもおいしく焼けますが、底割れすることがあります。

予熱
オーブンは200℃に予熱する。ケトリング用の湯を沸かし、はちみつを加える。

ケトリング
85〜90℃の湯にシートごと入れ、30秒ゆでる。ひっくり返したら、優しくシートをはがし、30秒ゆでて取り出す。キッチンペーパーで軽く水分を取り、オーブンシートを敷いた天板にのせる。

 生地温度が低めなので、〈朝ラク〉よりも長めにケトリング時間をとっています。

・・・・・・・・・・・・・・・・・・・・・・・ ここからは共通 ・・・・・・・・・・・・・・・・・・・・・・・

焼成
200℃のオーブンで17〜18分焼く。途中10分経ったら天板の前後を入れ替える。焼き上がったら、クーラーに移して粗熱を取る。

45

キャロットケーキベーグル

トレンド感のある
キャロットケーキ風のベーグルです！
かんたんラムレーズンの作り方も
ご紹介しているので、活用してみてください。

材料（5個分）

生地

強力粉…250g
全粒粉…50g
きび砂糖…15g
塩…5g
ドライイースト…1.5g
シナモンパウダー…6g
カルダモンパウダー…2g
水…95g
にんじんジュース（100%）…100g
米油…10g

混ぜ込み用

くるみ（ロースト）…25g

巻き込み用

ラムレーズン…約50g（1個あたり10g）
（材料と作り方は準備を参照）
クリームチーズ…75g（1個あたり15g）
シナモンシュガー…シナモンパウダー小さじ1と
きび砂糖小さじ4を混ぜたもの（1個あたり小さじ1）

ケトリング用

水…1L
はちみつ（または砂糖）…大さじ1

準備
- オーブンシートを9cm四方にカットしたものを5枚作る。
- くるみは生の場合は、160℃のオーブンで10分ローストし、3mmくらいのみじん切りにする。
- ポリ袋に強力粉、全粒粉、きび砂糖、塩、イースト、シナモンパウダー、カルダモンパウダーを入れてよく撹拌する。
- オーブン(または発酵器)を30℃に温める。
- ラムレーズンを作る。

耐熱ボウルにレーズン50gと熱湯100mLを入れ、5分たったら湯を切る。ラム酒50g、砂糖5gを加えてラップをかけ、電子レンジ(600W)で1分加熱する。取り出して混ぜ、さらに1分加熱する。全体を混ぜ、ラム酒大さじ1を回しかけ、ラップをかけて冷ます。キッチンペーパーで水気を切る。

作り方

生地作り
ボウルに、水、にんじんジュース、米油を入れて混ぜたら、ポリ袋の中の粉類を入れて、カードで混ぜる。ポリ袋は取っておく。粉気がなくなったらひとまとめにしてラップをかけ、室温で5分置く。こねるときに、V字に転がす前の工程で、生地にくるみを混ぜ込んでおく(混ぜ込みの仕方は、P11参照)。一次発酵まで「プレーンベーグルの作り方 生地作り(P15)」を参照し、同じように作る。

分割・ベンチタイム
5分割して丸め、ボウル等をかぶせて室温で5分置く。
＊分割の仕方と丸め方はP10〜11参照。

成形
❶「プレーンベーグルの作り方 成形(P16)」を参照して、①まで同じように作る。

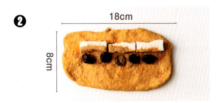 

❷ 横18×縦8cmくらいの長方形にのばす。裏返したら生地の上の方にクリームチーズ全量、シナモンシュガー全量、ラムレーズン2/3量をのせる。

❸ 上から具材を包むように生地を折りたたみ、手のひらのつけ根で優しく押して空気を抜く。残りのラムレーズンをとじ目のあたりにのせ、同じように包む。生地を張らせながら棒状にして、合わせ目をつまんでとじる。同様に5本とも棒状にする。

❹「プレーンベーグルの作り方 成形④〜⑦」を参照して同じように作る。

二次発酵・予熱
天板ごと大きなポリ袋に入れ、30℃で40分、二次発酵させる。オーブンは210℃に予熱する。ケトリング用の湯を沸かし、はちみつを加える。

ケトリング
85〜90℃の湯にシートごと入れ、20秒ゆでる。ひっくり返したら、優しくシートをはがし、20秒ゆでて取り出す。キッチンペーパーで軽く水分を切り、オーブンシートを敷いた天板にのせる。

焼成
210℃のオーブンで16〜17分焼く。途中10分経ったら天板の前後を入れ替える。焼き上がったら、クーラーに移して粗熱を取る。

もっと上手に焼きたい！ こんなときはどうする？
ベーグル作りのQ&A

ベーグル作りでよく寄せられる疑問にお答えします！

Q つなぎ目が外れてしまいます。

A 水分不足orとじ不足かも

つなぎ目が外れてしまう原因で考えられるのは、①生地の水分不足や乾燥、②成形時のとじ不足です。①の場合、この本に掲載されているベーグルは水分量が多めなのでつなぎ目も外れにくいですが、ベーグルに限らずパン作りは「乾燥が大敵」。作業中、待機している生地はラップをかける、発酵時は加湿をすることを忘れなければ外れにくくなります。②の場合は、成形時にしっかりとじるようにしましょう。

Q 巻き込み用の材料が漏れてしまいます。

A 材料の量が多すぎる可能性が

まずはレシピ通りの水分量の生地に、レシピ通りの量の具を巻き込むことから始めてみてください。コツをつかむとたくさんの具材を巻き込めるようになります。また、生地のとじ目部分には具材を触れさせないことも大切。特に油分を含む具材は気をつけないとしっかりとじることができなくなり、漏れる原因になります。もし、少し漏れてしまってもそれは失敗ではなく、愛嬌！ 例えば、塩キャラメルベーグルから漏れたパリパリのキャラメルもとってもおいしいですよ。

Q 焼き色がきれいにつきません。

A 過発酵もしくはオーブンの種類による違い

成形に時間がかかる複雑なベーグルは成形中に発酵が進み、過発酵になる場合があります。成形に時間がかかってしまったときは、二次発酵の時間を少し減らす、など調整するといいでしょう。どのベーグルでも焼き色が薄い場合はレシピのオーブンとお使いのオーブンに差があるかもしれません。予熱時間を取ったあとにしばらく運転させて庫内温度をしっかり上げる、または焼成温度を上げるなど、お使いのオーブンと仲よしになると焼き上がりが変わりますよ。

Q ツヤピカにならないのはどうして？

A まずはケトリングの方法が正しいかチェック！

ケトリングのお湯に糖分を入れる、お湯は沸騰させない、ケトリング後すぐに焼成する、など基本ができているかチェック！ それでもツヤピカにならない場合は、こねや成形に問題があるかもしれません。こねすぎない。でもこねが足りなくてもツヤピカにはなりません。まずはこの本の記載の通りに作ってみてください。また、成形した時点でたるみやしわがあると、焼き上がりもツヤピカにはならないので、生地を「張らせる」こともしっかり意識してみてください。

3

心ときめく
おやつ系ベーグル

紅茶ベーグル

生地の水分を紅茶に。ティーバッグ入りの茶葉で、手軽においしく作れます。

材料（5個分）

生地
- 強力粉…300g
- きび砂糖…10g
- 塩…5g
- ドライイースト…1g
- 紅茶葉…5g
- 紅茶液…熱湯195g+紅茶葉2g

ケトリング用
- 水…1L
- はちみつ（または砂糖）…大さじ1

準備

- オーブンシートを9cm四方にカットしたものを5枚作る。
- 紅茶葉2gはティーバッグなら袋から取り出し、熱湯で抽出して紅茶液を作り、冷ます。夏はしっかり冷やし、冬はぬるま湯くらいの温度で、茶葉ごと使用する。
- ポリ袋に強力粉、きび砂糖、塩、イースト、紅茶葉5gを入れてよく撹拌する。
- オーブン（または発酵器）を30℃に温める。

作り方

生地作り

「プレーンベーグルの作り方　生地作り（P15）」を参照し、一次発酵まで同じように作る。水の代わりに、紅茶液を加える。紅茶は茶葉ごと加える。

分割・ベンチタイム

5分割して丸め、ボウル等をかぶせて室温で5分置く。
＊分割の仕方と丸め方はP10〜11参照。

成形

「プレーンベーグルの作り方　成形（P16）」を参照して同じように作る。

二次発酵・予熱

天板ごと大きなポリ袋に入れ、30℃で40分、二次発酵させる。オーブンは200℃に予熱する。ケトリング用の湯を沸かし、はちみつを加える。

ケトリング

「プレーンベーグルの作り方」を参照し、同じようにケトリングする。

焼成

200℃のオーブンで17〜18分焼く。途中10分経ったら天板の前後を入れ替える。焼き上がったら、クーラーに移して粗熱を取る。

チャイベーグル

スパイス香るベーグルに練乳バターを添えると、チャイティーらしいミルキーな味わいに。

材料（5個分）

生地
- 強力粉…300g
- きび砂糖…15g
- 塩…5g
- ドライイースト…1.5g
- シナモンパウダー…3g
- カルダモンパウダー…0.5g
- クローブパウダー…0.5g

〈チャイ〉
- 紅茶葉…4g
- 熱湯…45g
- 水…70g
- 牛乳…100g

巻き込み用
- シナモンシュガー
  …きび砂糖小さじ4、シナモンパウダー小さじ1を混ぜたもの（1個あたり小さじ1）

ケトリング用
- 水…1L
- はちみつ（または砂糖）…大さじ1

練乳バター（作りやすい分量）
- バター（食塩不使用）…30g
- 練乳…30g
- 塩…少々

準備

- オーブンシートを9cm四方にカットしたものを5枚作る。
- 練乳バターを作る。ボウルに室温に戻したバターを入れ、ハンドミキサーでホイップする。室温に戻した練乳を3回に分けて加え、つどホイップする。塩を加え、白く空気を含み軽くなったらゴムベラで混ぜる。
- チャイを作る。紅茶葉はティーバッグなら袋から取り出し、熱湯45gを注ぎ、5分たったら水70gと牛乳を加え、冷ます。夏はしっかり冷やし、冬はぬるま湯くらいの温度で、茶葉ごと使用する。
- ポリ袋に強力粉、きび砂糖、塩、イースト、シナモンパウダー、カルダモンパウダー、クローブパウダーを入れてよく撹拌する。
- オーブン（または発酵器）を30℃に温める。

作り方

生地作り、分割・ベンチタイム

「プレーンベーグルの作り方 生地作り（P15）」を参照し、一次発酵まで同じように作る。水の代わりに、抽出したチャイを加える。チャイは、茶葉ごと加える。5分割して丸め、ボウル等をかぶせて室温で5分置く。

成形

❶「プレーンベーグルの作り方 成形（P16）」を参照して①まで同じように作る。
❷横18×縦8cmくらいの長方形にのばす。裏返したら生地の上の方にシナモンシュガー小さじ1/2を広がらないように線上にのせる。
❸上から具材の手前まで生地を折りたたみ、手のひらのつけ根で優しく押して空気を抜く。残りのシナモンシュガーをとじ目のあたりにのせ、同じように包む。生地を張らせながら棒状にして、合わせ目は生地をつまんでとじる。同様に5本とも棒状にする。
❹「プレーンベーグルの作り方 成形④〜⑦」を参照して同じように作る。

二次発酵・予熱、ケトリング、焼成

〈紅茶ベーグル〉(P50)を参照し、同じように作る。冷めたら横半分に切り、練乳バターを挟む。

紅茶のダマンドベーグル

紅茶のダマンドをのせて
焼き上げた、さっくり食感と
もっちり食感が
同時に楽しめるベーグルです。
ビスケットはお好みで
のせてくださいね。

ハートの
ショコラダマンドベーグル

生地にココアとチョコチップをたっぷり使ったチョコ好きのためのベーグル。
ハートの形の成形で、大切な人への贈り物にするのもおすすめです。

紅茶のダマンドベーグル

材料（5個分）

生地
- 強力粉…300g
- きび砂糖…10g
- 塩…5g
- ドライイースト…1g
- 紅茶葉…5g
- 紅茶液…熱湯195g+紅茶葉2g

巻き込み用
- ホワイトチョコチップ…50g
- （1個あたり10g）

紅茶ダマンド生地
- バター（食塩不使用）…50g
- グラニュー糖…50g
- 卵…Mサイズ1個（約50g）
- アーモンドプードル…50g
- 紅茶葉…2g

ケトリング用
- 水…1L
- はちみつ（または砂糖）…大さじ1

トッピング
- ビスケット…5枚

準備
- オーブンシートを9cm四方にカットしたものを5枚作る。
- 紅茶葉2gはティーバッグなら袋から取り出し、熱湯で抽出して紅茶液を作り、冷ます。夏はしっかり冷やし、冬はぬるま湯くらいの温度で使用する。
- ポリ袋に強力粉、きび砂糖、塩、イースト、紅茶葉5gを入れてよく撹拌する。
- オーブン（または発酵器）を30℃に温める。

・紅茶ダマンド生地を作る。
1. バターは室温に戻し、マヨネーズくらいのやわらかさにする。卵は室温に戻す。
2. ボウルにバター、グラニュー糖を入れてゴムベラでよくすり混ぜる。
3. 卵を溶きほぐし、2に5回に分けて加え、ホイッパーで混ぜる。
4. 卵が完全に混ざったらふるったアーモンドプードルと紅茶葉を加えて、ゴムベラで混ぜ合わせる。半日以上、冷蔵庫で寝かせる。

作り方

生地作り
「プレーンベーグルの作り方 生地作り（P15）」を参照し、一次発酵まで同じように作る。水の代わりに、紅茶液を茶葉ごと加える。

分割・ベンチタイム
5分割して丸め、ボウル等をかぶせて室温で5分置く。

成形
❶「プレーンベーグルの作り方 成形（P16）」を参照して、①まで同じように作る。
❷横18×縦8cmくらいの長方形にのばす。裏返したら生地の上の方にホワイトチョコチップ半量をのせる。❸上から具材を包むように生地を折りたたみ、手のひらのつけ根で優しく押して空気を抜く。残りのホワイトチョコチップをとじ目のあたりにのせ、同じように包む。生地を張らせながら棒状にして、合わせ目は生地をつまんでとじる。同様に5本とも棒状にする。
❹「プレーンベーグルの作り方 成形④～⑦」を参照して同じように作る。工程④のときに、長さを20～21cmにして穴を小さめに作ると、ダマンド生地がこぼれ落ちにくくなる。

二次発酵・予熱
天板ごと大きなポリ袋に入れ、30℃で40分、二次発酵させる。オーブンは210℃に予熱する。ケトリング用の湯を沸かし、はちみつを加える。紅茶のダマンド生地は40gずつに分け、丸めて冷蔵庫で再び冷やす。

ケトリング
「プレーンベーグルの作り方」を参照し、同じようにケトリングする。

仕上げ
紅茶ダマンド生地をのせて少し押し広げ、ビスケットをのせる。

焼成
210℃のオーブンで17～18分焼く。途中10分経ったら天板の前後を入れ替える。焼き上がったら、フライ返しでクーラーに移して粗熱を取る。

ハートのショコラダマンドベーグル

材料（5個分）

生地
- 強力粉…285g
- きび砂糖…25g
- 塩…5g
- ドライイースト…1.5g
- ココアパウダー…15g
- 水…195g

混ぜ込み用
- チョコチップ…50g

チョコダマンド生地
- バター（食塩不使用）…50g
- グラニュー糖…50g
- 卵…Mサイズ1個（約50g）
- アーモンドプードル…45g
- ココアパウダー…5g

ケトリング用
- 水…1L
- はちみつ（または砂糖）…大さじ1

準備

- オーブンシートを9cm四方にカットしたものを5枚作る。
- ポリ袋に強力粉、きび砂糖、塩、イースト、ココアパウダーを入れてよく撹拌する。
- オーブン（または発酵器）を30℃に温める。
- チョコダマンド生地を作る。
1. バターは室温に戻し、マヨネーズくらいのやわらかさにする。卵は室温に戻す。
2. ボウルにバター、グラニュー糖を入れてゴムベラでよくすり混ぜる。
3. 卵を溶きほぐし、2に5回に分けて加え、ホイッパーで混ぜる。
4. 卵が完全に混ざったらアーモンドプードルとココアパウダーを合わせてふるったものを加えて、ゴムベラで混ぜ合わせる。絞り袋に入れて半日以上、冷蔵庫で寝かせる。

作り方

生地作り

「プレーンベーグルの作り方 生地作り（P15）」を参照し、同じように作る。こねるときに、V字に転がす前の工程で、生地にチョコチップを混ぜ込んでおく（混ぜ込みの仕方は、P11参照）。

分割・ベンチタイム

5分割して丸め、ボウル等をかぶせて室温で5分置く。

成形

❶ とじ目を下にして、長方形にのばす。横13×縦9cmくらいにのばしたら、裏返し、形をととのえる。奥から手前に生地の表面が張るように巻いていく。
❷ 最後は、下から生地を引き上げて、合わせ目をつまんでとじる。すべての生地を同様に棒状にする。

❸ 20cm

生地を手で転がし、左右の先が細くなるように20cmくらいの長さにする。

❹

とじ目ととじ目を合わせるように半分に折りたたみ、しずく形にする。

❺

しずく形の太い方にカードで5cmくらいの切り込みを入れ、その部分を開いてハートの形にする。

❻

裏側としずく形の細い方の合わせ目はしっかりととじ、形をととのえる。切り分けたオーブンシートにのせる。

二次発酵・予熱

天板ごと大きなポリ袋に入れ、30℃で40分、二次発酵させる。オーブンは210℃に予熱する。ケトリング用の湯を沸かし、はちみつを加える。ダマンドは室温で絞りやすいかたさにする。

ケトリング

「プレーンベーグルの作り方」を参照し、同じようにケトリングする。

仕上げ

チョコダマンド生地をハートの形に合わせて絞る。

焼成

210℃のオーブンで17～18分焼く。途中10分経ったら天板の前後を入れ替える。焼き上がったら、フライ返しでクーラーに移して粗熱を取る。ハートの形がいびつなときは、ダマンドがやわらかいうちにスプーンなどでととのえる。

シナモンレーズンベーグル

生地にも巻き込みにもレーズンを使った
レーズン好きのためのベーグル。
レーズンは蒸すとプリプリの食感でさらにおいしくなります。

材料（5個分）
生地
| 強力粉…300g
| きび砂糖…10g
| 塩…5g
| ドライイースト…1.5g
| シナモンパウダー…8g
| 水…190g

混ぜ込み用
| レーズン…35g

巻き込み用
| レーズン…75g（1個あたり15g）
| シナモンシュガー…きび砂糖小さじ2と1/2、シナモンパウダー小さじ2と1/2を混ぜたもの（1個あたり小さじ1）

ケトリング用
| 水…1L
| はちみつ（または砂糖）…大さじ1

準備
- オーブンシートを9cm四方にカットしたものを5枚作る。
- レーズンは全て弱火で10分蒸しておく。混ぜ込み用のレーズン35gはみじん切りにする。
- ポリ袋に強力粉、きび砂糖、塩、イースト、シナモンパウダーを入れてよく撹拌する。
- オーブン（または発酵器）を30℃に温める。

作り方

生地作り　「プレーンベーグルの作り方 生地作り（P15）」を参照して作る。〈オートリーズ〉は15分置く。

〈こねる〉　❶台にこすりつけるように力をこめて1分こねる。

❷混ぜ込み用のレーズンを加えて、台にこすりつけるようにして3分こねる。レーズンは、切り混ぜではなく、こねて、レーズンを潰しながら混ぜ込む。

❸押しまとめるようにして1分こねる。
❹V字を描くように転がして1分こねる。

〈一次発酵〉　粉類の撹拌に使ったポリ袋に生地を入れて、空気を抜き、30℃で60分、一次発酵させる。

分割・ベンチタイム　5分割して丸め、ボウル等をかぶせて室温で5分置く。
＊分割の仕方と丸め方はP10〜11参照。

成形　❶「プレーンベーグルの作り方 成形（P16）」を参照して、①まで同じように作る。

とじ目を下にして横18×縦8cmくらいの長方形にのばす。裏返したら生地の上の方にシナモンシュガー小さじ1/2とレーズン2/3量の順にのせる。

上から具材の手前まで生地を折りたたみ、手のひらのつけ根で優しく押して空気を抜く。残りのシナモンシュガーとレーズンをとじ目のあたりにのせ、同じように包む。生地を張らせながら棒状にして、合わせ目は生地をつまんでとじる。同様に5本とも棒状にする。

❹「プレーンベーグルの作り方 成形④〜⑦」を参照して、同じように作る。

二次発酵・予熱　天板ごと大きなポリ袋に入れ、30℃で60分、二次発酵させる。オーブンは220℃に予熱する。ケトリング用の湯を沸かし、はちみつを加える。

ケトリング　85〜90℃の湯にシートごと入れ、20秒ゆでる。ひっくり返したら、優しくシートをはがし、20秒ゆでて取り出す。キッチンペーパーで軽く水分を切り、オーブンシートを敷いた天板にのせる。

焼成　220℃のオーブンで15〜16分焼く。途中10分経ったら天板の前後を入れ替える。焼き上がったら、クーラーに移して粗熱を取る。

かぼちゃベーグル／
かぼちゃと金時豆のベーグル／
かぼちゃのうずまきベーグル

ほんのり甘くて風味がしっかり感じられる
かぼちゃベーグル3種のレシピです。
かぼちゃフレークを使うことで水分量が一定になるので、
安定した仕上がりに。

かぼちゃベーグル、かぼちゃと金時豆のベーグル

〈かぼちゃベーグル〉
材料（6個分）
生地
- 強力粉…300g
- きび砂糖…15g
- 塩…5g
- ドライイースト…1.5g
- かぼちゃフレーク…45g
- 牛乳…130g
- 水…105g

ケトリング用
- 水…1L
- はちみつ（または砂糖）…大さじ1

トッピング
- かぼちゃの種…適量
- （1個あたり3〜5個）

〈かぼちゃと金時豆のベーグル〉
材料（6個分）
生地、ケトリング用、トッピング
- 〈かぼちゃベーグル〉と同量

巻き込み用
- 金時豆の甘煮…120g
- （1個あたり20g、水気を切っておく）

準備（共通）
・オーブンシートを9cm四方にカットしたものを6枚作る。
・ポリ袋に強力粉、きび砂糖、塩、イースト、かぼちゃフレークを入れてよく撹拌する。
・オーブン（または発酵器）を30℃に温める。

 かぼちゃフレークは、かぼちゃパウダーでの代用はできないので、ご注意を。

作り方

生地作り
「プレーンベーグルの作り方 生地作り（P15）」を参照し、一次発酵まで同じように作る。水分は、分量の牛乳と水を加える。

分割・ベンチタイム
6分割して丸め、ボウル等をかぶせて室温で5分置く。
＊分割の仕方と丸め方はP10〜11参照。

成形
〈かぼちゃベーグル〉
「プレーンベーグルの作り方 成形（P16）」を参照して、同じように作る。工程④は、21cmくらいの長さにする。

〈かぼちゃと金時豆のベーグル〉
❶「プレーンベーグルの作り方 成形」を参照して、①まで同じように作る。
❷とじ目を下にして横18×縦8cmくらいの長方形にのばす。裏返したら生地の上の方に金時豆を2/3量のせる。
❸上から具材を包むように生地を折りたたみ、手のひらのつけ根で優しく押して空気を抜く。残りの金時豆をとじ目のあたりにのせ、同じように包む。生地を張らせながら棒状にして、合わせ目は生地をつまんでとじる。同様に6本とも棒状にする。
❹「プレーンベーグルの作り方 成形④〜⑦」を参照して同じように作る。工程④は、21cmくらいの長さにする。

二次発酵・予熱
天板ごと大きなポリ袋に入れ、30℃で40分、二次発酵させる。オーブンは200℃に予熱する。ケトリング用の湯を沸かし、はちみつを加える。

ケトリング
85〜90℃の湯にシートごと入れ、20秒ゆでる。ひっくり返したら、優しくシートをはがし、20秒ゆでて取り出す。キッチンペーパーで軽く水分を切り、オーブンシートを敷いた天板にのせる。

仕上げ
かぼちゃの種をお好みの量のせる。

焼成
200℃のオーブンで15〜17分焼く。途中10分経ったら天板の前後を入れ替える。焼き上がったら、クーラーに移して粗熱を取る。

かぼちゃのうずまきベーグル

材料（4個分）

かぼちゃ生地
- 強力粉…100g
- きび砂糖…5g
- 塩…1.5g
- ドライイースト…0.5g
- かぼちゃフレーク…15g
- 牛乳…45g
- 水…35g

ココア生地
- 強力粉…115g
- きび砂糖…10g
- 塩 1.5g
- ドライイースト…0.5g
- ココアパウダー…6g
- 水…75g

ケトリング用
- 水…1L
- はちみつ（または砂糖）…大さじ1

準備
- オーブンシートを9cm四方にカットしたものを4枚作る。
- ポリ袋にかぼちゃ生地の強力粉、きび砂糖、塩、イースト、かぼちゃフレークを入れてよく撹拌する（a）。別の袋に、ココア生地の強力粉、きび砂糖、塩、イースト、ココアパウダーを入れてよく撹拌する（b）。
- オーブン（または発酵器）を30℃に温める。

作り方

生地作り

〈オートリーズ〉

❶ ボウルに（a）のポリ袋の中の粉類と牛乳、水を入れてカードで混ぜる。粉気がなくなったらひとまとめにしてラップをかけ、室温で5分置いたら❷に取りかかる。ポリ袋は取っておく。

❷ ボウルに（b）のポリ袋の中の粉類と水を入れてカードで混ぜる。粉気がなくなったらひとまとめにしてラップをかけ、室温で5分置く。ポリ袋は取っておく。

〈こねる〉P10のこね方を参照し、（a）の生地からこね始める。5分間、休まずにしっかりこねてポリ袋に入れる。次に、（b）の生地も同様にこねる。

〈一次発酵〉

それぞれポリ袋に生地を入れて、空気を抜き、（a）（b）の生地を同時に30℃で40分、一次発酵させる。

分割・ベンチタイム

それぞれ4分割して丸め、ボウル等をかぶせて室温で5分置く。
＊分割の仕方と丸め方はP10～11参照。

成形

❶（a）と（b）の生地をそれぞれとじ目を下にして置き、めん棒で横13×縦7cmの長方形にのばす。

(b)の生地をとじ目を上にして置き、その上に(a)の生地を4cmくらいずらして、とじ目を上にして置く。

めん棒をかけて2つの生地をなじませる。

生地の奥から手前に巻いていく。このとき、生地の表面が張るように巻く。最後は、下から生地を引き上げて、合わせ目をつまんでとじる。同様に4本とも棒状にする。棒状にした生地から順に転がして21cmにのばす。

片方の端をめん棒で広げる。とじ目が上になった状態の生地をひねりながら円を作り、広げた方の生地で反対側の端を包む。合わせ目はしっかりつまんでとじる。切り分けたオーブンシートにのせる。

二次発酵・予熱、ケトリング、焼成

「仕上げ」はせず〈かぼちゃと金時豆のベーグル〉（P60）と同じように作る。

ブルーベリーベーグル／ブルーベリーチーズケーキベーグル

冷凍ブルーベリーを使うから
手軽なのに、しっかり紫が発色して、
目にも楽しいベーグルができあがりました。
チーズクリームをのせればチーズケーキ風に。

〈ブルーベリーベーグル〉

材料（5個分）

生地
- 強力粉…300g
- きび砂糖…25g
- 塩…5g
- ドライイースト…1.5g
- 冷凍ブルーベリー…150g
- 水…63g

ケトリング用
- 水…1L
- はちみつ（または砂糖）…大さじ1

〈ブルーベリーチーズケーキベーグル〉

材料（5個分）

生地
- 強力粉…300g
- きび砂糖…25g
- 塩…5g
- ドライイースト…1.5g
- 冷凍ブルーベリー…150g
- 水…63g

チーズクリーム
- クリームチーズ…120g
- プレーンヨーグルト（無糖）…35g（かためのクリームチーズを使用する場合）
- グラニュー糖…20g
- レモン汁…小さじ1/2

ケトリング用
- 水…1L
- はちみつ（または砂糖）…大さじ1

トッピング
- お好みのクッキー（砕く）…大さじ5（1個あたり大さじ1）

準備（共通）

・オーブンシートを9cm四方にカットしたものを5枚作る。

・冷凍ブルーベリーは芯までしっかり解凍して、ブレンダーやミキサーでつぶし、
分量の水を加え、混ぜ合わせる（a）。ブレンダーがなければ手でしっかりとつぶす。

・ポリ袋に強力粉、きび砂糖、塩、イーストを入れてよく撹拌する。

・オーブン（または発酵器）を30℃に温める。

〈ブルーベリーチーズケーキベーグル〉

・チーズクリームを作る。

1　耐熱容器にクリームチーズを入れ、様子を見ながら電子レンジ（600W）で10秒ずつ加熱し、ク
リーム状までやわらかくする。

2　ゴムベラで混ぜて滑らかにしたら、グラニュー糖を加えてすり混ぜる。

3　ヨーグルト、レモン汁を加えてよく混ぜ合わせる。ヨーグルトは、クリームチーズの状態が十分
やわらかければ入れない。5等分にして、冷蔵庫で冷やす。

・クッキーは砕く。

作り方

生地作り　　　「プレーンベーグルの作り方 生地作り（P15）」を参照し、一次発酵まで同じよう
に作る。水の代わりに、（a）を加える。

分割・　　　　5分割して丸め、ボウル等をかぶせて室温で5分置く。
ベンチタイム　＊分割の仕方と丸め方はP10〜11参照。

成形　　　　　「プレーンベーグルの作り方 成形（P16）」を参照して、同じように作る。工程④は、
21cmくらいの長さにする。生地をとじるときは、ブルーベリーの果肉の影響で、
とじ目が外れやすいので、しっかりとじることを意識するとよい。
ブルーベリーチーズケーキベーグルは工程⑥のときに、穴を小さめに作ると、
チーズクリームがこぼれ落ちにくくなる。

二次発酵・　　天板ごと大きなポリ袋に入れ、30℃で40分、二次発酵させる。オーブンは200℃
予熱　　　　　（ブルーベリーチーズケーキベーグルは210℃）に予熱する。ケトリング用の湯を沸か
し、はちみつを加える。

ケトリング　　85〜90℃の湯にシートごと入れ、20秒ゆでる。ひっくり返したら、優しくシート
をはがし、20秒ゆでて取り出す。キッチンペーパーで軽く水分を切り、オーブン
シートを敷いた天板にのせる。

仕上げ　　　　〈ブルーベリーチーズケーキベーグル〉
チーズクリームをのせ、砕いたクッキーをちらす。

焼成　　　　　200℃（ブルーベリーチーズケーキベーグルは210℃）のオーブンで17〜18分焼く。
途中10分経ったら天板の前後を入れ替える。焼き上がったら、クーラーに移して
粗熱を取る。

マンゴーココベーグル

マンゴーとココナッツを組み合わせて常夏に。ほんのりオレンジ色の生地もかわいくて◎。

材料(5個分)

生地
- 強力粉…270g
- グラニュー糖…20g
- 塩…3.5g
- ドライイースト…1.5g
- ココナッツファイン…30g
- 冷凍マンゴー…120g
- 水…85g

ケトリング用
- 水…1L
- はちみつ(または砂糖)…大さじ1

グレーズ
- 粉糖…50g
- 水…大さじ3/4～1

その他
- ココナッツファイン…適量

準備
- オーブンシートを9cm四方にカットしたものを5枚作る。
- 冷凍マンゴーは芯までしっかり解凍して、ブレンダーやミキサーでつぶし、分量の水を加え、混ぜ合わせる(ⓐ)。ブレンダーがなければ手でしっかりつぶす。
- ポリ袋に強力粉、グラニュー糖、塩、イースト、ココナッツファインを入れてよく撹拌する。
- オーブン(または発酵器)を30℃に温める。

作り方

生地作り
「プレーンベーグルの作り方 生地作り(P15)」を参照し、一次発酵まで同じように作る。水の代わりに、(ⓐ)を加える。

分割・ベンチタイム
5分割して丸め、ボウル等をかぶせて室温で5分置く。
＊分割の仕方と丸め方はP10～11参照。

成形、二次発酵・予熱、ケトリング
「プレーンベーグルの作り方」を参照して、同じように作る。ココナッツファインの油分で生地が外れやすいので成形時はしっかりとじる。

焼成
200℃のオーブンで16～17分焼く。途中10分経ったら天板の前後を入れ替える。焼き上がったら、クーラーに移して粗熱を取る。

仕上げ
粗熱を取っている間に、グレーズを作る。粉糖に水を加えてよく混ぜ合わせる。大さじ3/4くらいから様子を見て加えて、大さじ1くらいが目安(ⓑ)。ベーグルが冷めたらベーグルの上面にグレーズをつける。ゴムベラなどで余分な分を取り除き(ⓒ)、ココナッツファインをつける(ⓓ)。200℃に予熱したオーブンで2分焼き、グレーズとココナッツを乾燥させる。

カフェオレベーグル

焼き立てをひと口食べるとパリッと食感と香ばしいカフォレの風味が立ち上ります。

材料（5個分）

生地
- 強力粉…300g
- 塩…5g
- ドライイースト…1g
- 〈カフェオレ〉
- インスタントコーヒー…3g
- 黒糖…10g
- 熱湯…90g
- 牛乳…110g

ケトリング用
- 水…1L
- はちみつ（または砂糖）…大さじ1

準備

・オーブンシートを9cm四方にカットしたものを5枚作る。
・カフェオレを作る。インスタントコーヒーと黒糖を合わせて分量の熱湯で溶かし、牛乳を加えて冷ます（a）。夏はしっかり冷やし、冬はぬるま湯くらいの温度で使用する。
・ポリ袋に強力粉、塩、イーストを入れてよく撹拌する。
・オーブン（または発酵器）を30℃に温める。

作り方

生地作り
「プレーンベーグルの作り方 生地作り（P15）」を参照し、一次発酵まで同じように作る。水の代わりに、(a)を加える。

分割・ベンチタイム
5分割して丸め、ボウル等をかぶせて室温で5分置く。
＊分割の仕方と丸め方はP10～11参照。

成形
「プレーンベーグルの作り方 成形（P16）」を参照して、同じように作る。

二次発酵・予熱
天板ごと大きなポリ袋に入れ、30℃で40分、二次発酵させる。オーブンは200℃に予熱する。ケトリング用の湯を沸かし、はちみつを加える。

ケトリング
85～90℃の湯にシートごと入れ、20秒ゆでる。ひっくり返したら、優しくシートをはがし、20秒ゆでて取り出す。キッチンペーパーで軽く水分を切り、オーブンシートを敷いた天板にのせる。

焼成
200℃のオーブンで16～17分焼く。途中10分経ったら天板の前後を入れ替える。焼き上がったら、クーラーに移して粗熱を取る。

大人のカフェオレベーグル
～チョコパイとラムレーズン～

"あの"お菓子のチョコパイをベーグルに詰めちゃいました。
ラムレーズンのラム酒をたっぷり吸ったチョコパイが贅沢な一品です。

材料（5個分）
生地
　強力粉…300g
　塩…5g
　ドライイースト…1g
　〈カフェオレ〉
　インスタントコーヒー…3g
　黒糖…10g
　熱湯…90g
　牛乳…110g

巻き込み用
チョコパイフィリング
　チョコパイ…4個
　ラムレーズン…約50g（分量と作り方は準備を参照）
　ラムレーズンを漬けたラム酒…大さじ4
　（足りなければラム酒を足して大さじ4にする）

ケトリング用
　水…1L
　はちみつ（または砂糖）…大さじ1

準備
・オーブンシートを9cm四方にカットしたものを5枚作る。
・ラムレーズンを作る。耐熱ボウルにレーズン50gと熱湯100mLを入れ、5分経ったら湯を切る。ラム酒70g、砂糖5gを加えてラップをかけ、電子レンジ（600W）で1分加熱する。取り出して混ぜ、さらに1分加熱する。全体を混ぜ、ラム酒大さじ1を回しかけ、冷ます。
・チョコパイフィリングを作る。チョコパイは手で崩し（a）、ラムレーズンを漬けたラム酒、ラムレーズンと合わせ、5等分にしておく（b）。
・カフェオレを作る。インスタントコーヒーと黒糖を合わせて分量の熱湯で溶かし、牛乳を加えて冷ます（c）。夏はしっかり冷やし、冬はぬるま湯くらいの温度で使用する。
・ポリ袋に強力粉、塩、イーストを入れてよく撹拌する。
・オーブン（または発酵器）を30℃に温める。

作り方

生地作り　「プレーンベーグルの作り方 生地作り（P15）」を参照し、一次発酵まで同じように作る。水の代わりに、（c）を加える。

分割・ベンチタイム　5分割して丸め、ボウル等をかぶせて室温で5分置く。
＊分割の仕方と丸め方はP10～11参照。

成形　❶「プレーンベーグルの作り方 成形（P16）」を参照して、①まで同じように作る。

❷ 横18×縦10cmくらいの長方形にのばす。裏返したら生地の上の方に（b）の2/3量をのせる。

❸ 上から具材の手前まで生地を折りたたみ、手のひらのつけ根で優しく押して空気を抜く。残りの（b）をとじ目のあたりにのせ、同じように包む。生地を張らせながら棒状にして、合わせ目はつまんでとじる。同様に5本とも棒状にする。

❹「プレーンベーグルの作り方 成形④～⑦」を参照して、同じように作る。

二次発酵・予熱　天板ごと大きなポリ袋に入れ、30℃で40分、二次発酵させる。オーブンは210℃に予熱する。ケトリング用の湯を沸かし、はちみつを加える。

ケトリング　85～90℃の湯にシートごと入れ、20秒ゆでる。ひっくり返したら、優しくシートをはがし、20秒ゆでて取り出す。キッチンペーパーで軽く水分を切り、オーブンシートを敷いた天板にのせる。

焼成　210℃のオーブンで16～17分焼く。途中10分経ったら天板の前後を入れ替える。焼き上がったら、クーラーに移して粗熱を取る。

ほろ苦い抹茶の風味が楽しめる王道の和風ベーグルです。
甘いアレンジ2種もおすすめです。

抹茶クリームチーズ黒豆ベーグル

材料（各5個分）
〈抹茶クリームチーズ
　黒豆ベーグル〉
生地、ケトリングの材料は
抹茶ベーグルと同じ。
巻き込み用
| クリームチーズ…75g
| （1個あたり15g）
| 黒豆煮…75g
| （1個あたり15g、水気を
| 切っておく）

抹茶ベーグル

〈抹茶ベーグル〉
生地
| 強力粉…290g
| きび砂糖…10g
| 塩…5g
| ドライイースト…1g
| 抹茶…10g
| 水…190g

ケトリング用
| 水…1L
| はちみつ（または砂糖）
| …大さじ1

抹茶カシューナッツホワイトチョコベーグル

〈抹茶カシューナッツ
　ホワイトチョコベーグル〉
生地、ケトリングの材料は
抹茶ベーグルと同じ。
巻き込み用
| カシューナッツ
| （5mmくらいに砕く）
| …50g（1個あたり10g）
| ホワイトチョコチップ
| …50g（1個あたり10g）

準備（共通）
- オーブンシートを9cm四方にカットしたものを5枚作る。
- ポリ袋に強力粉、きび砂糖、塩、イースト、抹茶を入れてよく撹拌する。
- オーブン（または発酵器）を30℃に温める。

作り方

生地作り　「プレーンベーグルの作り方 生地作り（P15）」を参照し、一次発酵まで同じように作る。

分割・ベンチタイム　5分割して丸め、ボウル等をかぶせて室温で5分置く。
＊分割の仕方と丸め方はP10～11参照。

成形

〈抹茶ベーグル〉
「プレーンベーグルの作り方 成形（P16）」を参照して、同じように作る。

〈抹茶クリームチーズ黒豆ベーグル、抹茶カシューナッツホワイトチョコベーグル〉

❶「プレーンベーグルの作り方 成形」を参照して、①まで同じように作る。

〈抹茶クリームチーズ黒豆ベーグル〉　　　　〈抹茶カシューナッツホワイトチョコベーグル〉

❷

横18×縦7cmくらいの長方形にのばす。裏返したら生地の上の方にクリームチーズ全量、黒豆半量をのせる。

❸

上から具材の手前まで生地を折りたたみ、手のひらのつけ根で優しく押して空気を抜く。残りの黒豆をとじ目のあたりにのせ、同じように包む。生地を張らせながら棒状にして、合わせ目は生地をつまんでとじる。同様に5本とも棒状にする。

❷

横18×縦7cmくらいの長方形にのばす。裏返したら生地の上の方にカシューナッツとホワイトチョコの2/3量をのせる。

❸

上から具材の手前まで生地を折りたたみ、手のひらのつけ根で優しく押して空気を抜く。残りのカシューナッツとホワイトチョコをとじ目のあたりにのせ、同じように包む。生地を張らせながら棒状にして、合わせ目はつまんでとじる。同様に5本とも棒状にする。

❹「プレーンベーグルの作り方 成形④～⑦」を参照して同じように作る。

二次発酵・予熱　天板ごと大きなポリ袋に入れ、30℃で40分、二次発酵させる。オーブンは200℃に予熱する。ケトリング用の湯を沸かし、はちみつを加える。

ケトリング　85～90℃の湯にシートごと入れ、20秒ゆでる。ひっくり返したら、優しくシートをはがし、20秒ゆでて取り出す。キッチンペーパーで軽く水分を切り、オーブンシートを敷いた天板にのせる。

焼成　200℃のオーブンで17～18分焼く。途中10分経ったら天板の前後を入れ替える。焼き上がったら、クーラーに移して粗熱を取る。

チョコチップ オレオベーグル

チョコチップがざくっとおいしい！
生地の上にどーんとのったオレオクッキーがかわいい、
子どもにもおすすめのベーグルです。

材料（5個分）

生地
- 強力粉…285g
- きび砂糖…25g
- 塩…5g
- ドライイースト…1.5g
- ココアパウダー…15g
- 水…195g

ケトリング用
- 水…1L
- はちみつ（または砂糖）…大さじ1

混ぜ込み用
- チョコチップ…50g

巻き込み用
- チョコチップ…25g（1個あたり5g）
- オレオクッキー…5枚（1個あたり1枚）

トッピング
- オレオクッキー…5枚（1個あたり1枚）

準備
- オーブンシートを9cm四方にカットしたものを5枚作る。
- 巻き込み用のオレオクッキーはポリ袋に入れて砕き、チョコチップを合わせ、5等分にしておく（a）。
- ポリ袋に強力粉、きび砂糖、塩、イースト、ココアパウダーを入れてよく撹拌する。
- オーブン（または発酵器）を30℃に温める。

作り方

生地作り
「プレーンベーグルの作り方 生地作り（P15）」を参照し、同じように作る。こねるときに、V字に転がす前の工程で、生地にチョコチップを混ぜ込んでおく（混ぜ込みの仕方は、P11参照）。

分割・ベンチタイム
5分割して丸め、ボウル等をかぶせて室温で5分置く。
＊分割の仕方と丸め方はP10～11参照。

成形
❶「プレーンベーグルの作り方 成形（P16）」を参照して、①まで同じように作る。

❷ 横17×縦8cmくらいの長方形にのばす。裏返したら生地の上の方に（a）の2/3量をのせる。

❸ 上から具材の手前まで生地を折りたたみ、手のひらのつけ根で優しく押して空気を抜く。残りの（a）をとじ目のあたりにのせ、同じように包む。生地を張らせながら棒状にして、合わせ目はつまんでとじる。同様に5本とも棒状にする。

❹「プレーンベーグルの作り方 成形④～⑦」を参照して同じように作る。

二次発酵・予熱
天板ごと大きなポリ袋に入れ、30℃で40分、二次発酵させる。オーブンは200℃に予熱する。ケトリング用の湯を沸かし、はちみつを加える。

ケトリング
85～90℃の湯にシートごと入れ、20秒ゆでる。ひっくり返したら、優しくシートをはがし、20秒ゆでて取り出す。キッチンペーパーで軽く水分を切り、オーブンシートを敷いた天板にのせる。

仕上げ
オレオクッキーを上にのせる。

焼成
200℃のオーブンで17～18分焼く。途中10分経ったら天板の前後を入れ替える。焼き上がったら、クーラーに移して粗熱を取る。

黒糖くるみベーグル

くるみベーグルは定番ですが、サクッとしたくるみの食感は何度食べてもおいしいもの。

材料（5個分）

生地
- 強力粉…215g
- 全粒粉…35g
- 黒糖…25g
- 塩…4.5g
- ドライイースト…1.5g
- 水…150g

混ぜ込み用
- くるみ（ロースト）…50g

ケトリング用
- 水…1L
- はちみつ（または砂糖）…大さじ1

準備

- オーブンシートを9cm四方にカットしたものを5枚作る。
- くるみは生の場合は、160℃のオーブンで10分ローストし、3mmくらいに切る。
- 黒糖はふるう。
- ポリ袋に強力粉、全粒粉、黒糖、塩、イーストを入れてよく撹拌する。
- オーブン（または発酵器）を30℃に温める。

作り方

生地作り

「プレーンベーグルの作り方 生地作り（P15）」を参照し、一次発酵まで同じように作る。P11の混ぜ込みの仕方を参照して、くるみを混ぜ込む。

 こねるときに生地がベタつきますが、くるみが水分を吸うため、発酵後はちょうどよくなります。

分割・ベンチタイム

5分割して丸め、ボウル等をかぶせて室温で5分置く。
＊分割の仕方と丸め方はP10〜11参照。

成形

「プレーンベーグルの作り方 成形（P16）」を参照して、同じように作る。

二次発酵・予熱

天板ごと大きなポリ袋に入れ、30℃で40分、二次発酵させる。オーブンは210℃に予熱する。ケトリング用の湯を沸かし、はちみつを加える。

ケトリング

85〜90℃の湯にシートごと入れ、20秒ゆでる。ひっくり返したら、優しくシートをはがし、20秒ゆでて取り出す。キッチンペーパーで軽く水分を切り、オーブンシートを敷いた天板にのせる。

焼成

210℃のオーブンで15〜16分焼く。途中10分経ったら天板の前後を入れ替える。焼き上がったら、クーラーに移して粗熱を取る。

いちじくクリームチーズベーグル

巻き込み用の具材として人気の高いクリームチーズを、いちじくと組み合わせてみました。

材料(5個分)

生地
- 強力粉…215g
- 全粒粉…35g
- 黒糖…25g
- 塩…4.5g
- ドライイースト…1.5g
- 水…150g

混ぜ込み用
- ドライいちじく…50g

巻き込み用
- クリームチーズ…75g
- (1個あたり15g)

ケトリング用
- 水…1L
- はちみつ(または砂糖)…大さじ1

準備

・オーブンシートを9cm四方にカットしたものを5枚作る。
・ドライいちじくは、5mmくらいに切る。
・黒糖はふるう。
・ポリ袋に強力粉、全粒粉、黒糖、塩、イーストを入れてよく撹拌する。
・オーブン(または発酵器)を30℃に温める。

作り方

生地作り

「プレーンベーグルの作り方 生地作り(P15)」を参照し、一次発酵まで同じように作る。P11の混ぜ込みの仕方を参照して、ドライいちじくを混ぜ込む。

分割・ベンチタイム

5分割して丸め、ボウル等をかぶせて室温で5分置く。
*分割の仕方と丸め方はP10〜11参照。

成形

❶「プレーンベーグルの作り方 成形(P16)」を参照して、①まで同じように作る。

❷ 横18×縦8cmくらいの長方形にのばす。裏返したら生地の上の方にクリームチーズを15gをのせる。

❸ 上から具材を包むように生地を折りたたみ、手のひらのつけ根で優しく押して空気を抜く。生地を張らせながら21cmくらいの棒状にして、合わせ目はつまんでとじる。同様に5本とも棒状にする。

❹「プレーンベーグルの作り方 成形④〜⑦」を参照して同じように作る。

二次発酵・予熱、ケトリング、焼成

〈黒糖くるみベーグル〉(P72)と同じように作る。

ほうじ茶ベーグル／ほうじ茶あんベーグル

定番人気のほうじ茶の風味が楽しめるベーグルです。
ほうじ茶あんを包み込んだアレンジは、おやつにも朝食にも。

材料（各5個分）

〈ほうじ茶ベーグル〉

生地
- 強力粉…290g
- きび砂糖…10g
- 塩…5g
- ドライイースト…1g
- ほうじ茶パウダー…10g
- 水…195g

ケトリング用
- 水…1L
- はちみつ（または砂糖）…大さじ1

〈ほうじ茶あんベーグル〉
生地、ケトリングの材料はほうじ茶ベーグルと同じ。

巻き込み用
ほうじ茶あん
- 白こしあん…150g
- ほうじ茶パウダー…1.5g

トッピング
- けしの実（白）…適量

準備（共通）
- オーブンシートを9cm四方にカットしたものを5枚作る。
- ポリ袋に強力粉、きび砂糖、塩、イースト、ほうじ茶パウダーを入れてよく撹拌する。
- オーブン（または発酵器）を30℃に温める。

〈ほうじ茶あんベーグル〉
- 巻き込み用の白あんとほうじ茶パウダーを混ぜ合わせ、ほうじ茶あんを作り、約30gずつに分ける。

作り方

生地作り
「プレーンベーグルの作り方 生地作り（P15）」を参照し、一次発酵まで同じように作る。

分割・ベンチタイム
5分割して丸め、ボウル等をかぶせて室温で5分置く。
＊分割の仕方と丸め方はP10〜11参照。

成形

〈ほうじ茶ベーグル〉
「プレーンベーグルの作り方 成形（P16）」を参照して、同じように作る。

〈ほうじ茶あんベーグル〉

❶「プレーンベーグルの作り方 成形」を参照して、①まで同じように作る。

❷ 横18×縦8cmくらいの長方形にのばす。裏返したら生地の上の方にほうじ茶あんの2/3量をのせる。

❸ 上から具材の手前まで生地を折りたたみ、手のひらのつけ根で優しく押して空気を抜く。残りのほうじ茶あんをとじ目のあたりにのせ、同じように包む。生地を張らせながら21cmくらいの棒状にして、合わせ目はつまんでとじる。同様に5本とも棒状にする。

❹「プレーンベーグルの作り方 成形④〜⑦」を参照して同じように作る。

二次発酵・予熱、ケトリング
「プレーンベーグルの作り方」をそれぞれ参照して、同じように作る。

トッピング

〈ほうじ茶あんベーグル〉
ビニール手袋をした手でベーグルを持ち、上面の半分くらいに皿に広げたけしの実をつけ、オーブンシートを敷いた天板にのせる。

焼成
200℃のオーブンで17〜18分焼く。途中10分経ったら天板の前後を入れ替える。焼き上がったら、クーラーに移して粗熱を取る。

黒ごまベーグル／
黒ごまスイートポテトベーグル

黒ごまが香ばしい定番のベーグルは、
ハムやサーモン、チーズなどをサンドしても。
スイートポテトをのせたアレンジもかわいいです。

材料（各5個分）

〈黒ごまベーグル〉

生地
- 強力粉…300g
- きび砂糖…10g
- 塩…5g
- ドライイースト…1g
- 水…195g

混ぜ込み用
- 黒いりごま…20g

ケトリング用
- 水…1L
- はちみつ（または砂糖）…大さじ1

〈黒ごまスイートポテトベーグル〉

生地、混ぜ込み用、ケトリングの材料は黒ごまベーグルと同じ。

トッピング
スイートポテト
- さつまいも…200g
- バター（食塩不使用）…25g
- きび砂糖…35g
- 牛乳…適量

- クリームチーズ…50g
- （1個あたり10g）
- スライスアーモンド…適量

その他
- ツヤ出し用の卵黄…1個分

> こねるときに生地がベタつきますが、黒いりごまが水分を吸うため、加水は多めにしてあります。

準備（共通）

・オーブンシートを9cm四方にカットしたものを5枚作る。
・ポリ袋に強力粉、きび砂糖、塩、イーストを入れてよく撹拌する。
・オーブン（または発酵器）を30℃に温める。

〈黒ごまスイートポテトベーグル〉

・スイートポテトを作る。
1. さつまいもは皮をむき1cmの輪切りにして耐熱容器に入れ、ラップをかけて電子レンジ（600W）で3分ほど、やわらかくなるまで加熱し、フォークでしっかりつぶす（焼き芋を使用してもよい）。
2. 1に室温に戻したバター、きび砂糖を加えて滑らかになるまで混ぜる。
3. かたい場合は、牛乳大さじ1から様子を見ながら適量を加え、絞りやすいかたさまでのばす。繊維が気になる場合は裏ごしして、絞り袋に入れ、冷蔵庫に入れておく。

・クリームチーズは10gずつに分けておく。

作り方

生地作り
「プレーンベーグルの作り方 生地作り（P15）」を参照し、一次発酵まで同じように作る。P11の混ぜ込みの仕方を参照して、黒いりごまを混ぜ込む。

分割・ベンチタイム
5分割して丸め、ボウル等をかぶせて室温で5分置く。
＊分割の仕方と丸め方はP10〜11参照。

成形
「プレーンベーグルの作り方 成形（P16）」を参照して、同じように作る。

二次発酵・予熱
天板ごと大きなポリ袋に入れ、30℃で40分、二次発酵させる。オーブンは200℃に予熱する。ケトリング用の湯を沸かし、はちみつを加える。

〈黒ごまスイートポテトベーグル〉
スイートポテトを冷蔵庫から取り出し、絞りやすいかたさにしておく。

ケトリング
85〜90℃の湯にシートごと入れ、20秒ゆでる。ひっくり返したら、優しくシートをはがし、20秒ゆでて取り出す。キッチンペーパーで軽く水分を切り、オーブンシートを敷いた天板にのせる。

仕上げ
〈黒ごまスイートポテトベーグル〉
穴にクリームチーズをのせ、上にスイートポテトを絞る。スイートポテトに卵黄をぬり、スライスアーモンドをのせる。

焼成
200℃のオーブンで17〜18分焼く。途中10分経ったら天板の前後を入れ替える。焼き上がったら、クーラーに移して粗熱を取る。

おさつシュガーバターベーグル

ほっくりしたさつまいもと
ザクザクした砂糖、
そして底はバターでカリカリのハーモニー。
さつまいもの甘煮は、
市販のお惣菜を使っても。

材料（5個分）

生地
- 強力粉…300g
- きび砂糖…10g
- 塩…5g
- ドライイースト…1g
- 水…195g

混ぜ込み用
- 黒いりごま…20g

巻き込み用
さつまいもの甘煮
- さつまいも…120g
- はちみつ…大さじ1
- 砂糖…大さじ1
- 塩…ふたつまみ
- 水…50g

ケトリング用
- 水…1L
- はちみつ（または砂糖）…大さじ1

トッピング
- バター…20g（1個あたり4g）
- グラニュー糖…適量（1個あたり小さじ1/2くらい）

準備

・オーブンシートを9cm四方にカットしたものを5枚作る。フライパン用ホイルを12cm四方にカットしたものを5枚作り、浅い器の形にする。
・オーブン（または発酵器）を30℃に温める。
・さつまいもの甘煮を作る（前日に作ってそのまま煮汁に漬けておくと、より味が染みる）。
1. さつまいもは皮をむき、1.5cm角に切り、水で洗う。
2. 耐熱容器にすべての材料を入れて混ぜ合わせ、ラップをかけて電子レンジ（600W）で2分加熱する。一旦混ぜて、ラップをかけて1分加熱する。やわらかくない場合は、追加で様子を見ながら**20秒**ずつ加熱する（崩れすぎないように注意）。
3. 冷めたらざるに上げ、キッチンペーパーにのせて水気を切り、25gずつに分けておく。
・バターは4gずつの薄切りに分けておく。
・ポリ袋に強力粉、きび砂糖、塩、イーストを入れてよく撹拌する。

作り方

生地作り
「プレーンベーグルの作り方 生地作り（P15）」を参照し、一次発酵まで同じように作る。P11の混ぜ込みの仕方を参照して、黒いりごまを混ぜ込む。

分割・ベンチタイム
5分割して丸め、ボウル等をかぶせて室温で**5分**置く。
＊分割の仕方と丸め方はP10〜11参照。

成形
❶「プレーンベーグルの作り方 成形（P16）」を参照して、①まで同じように作る。

❷ 横18×縦8cmくらいの長方形にのばす。裏返したら生地の上の方にさつまいもの甘煮を25gのせる。

❸上から具材を包むように生地を折りたたみ、手のひらのつけ根で優しく押して空気を抜く。生地を張らせながら棒状にして、合わせ目は生地をつまんでとじる。さつまいもを触って手が濡れている場合は、手を拭いてから作業する。同様に5本とも棒状にする。
❹「プレーンベーグルの作り方 成形④〜⑦」を参照して同じように作る。

二次発酵・予熱、ケトリング
天板ごと大きなポリ袋に入れ、30℃で**40分**、二次発酵させる。オーブンは**230℃**に予熱する。ケトリング用の湯を沸かし、はちみつを加える。フライパン用ホイルの上にバターをのせる。「プレーンベーグルの作り方」を参照して同じようにケトリングし、ホイルのバターの上にベーグルをのせる。

仕上げ
さつまいもの甘煮が見えるくらいの深さまで生地に**3本**クープを入れ、クープの上にグラニュー糖をかける。

焼成
230℃のオーブンで**14〜15分**焼く。途中**10分**経ったら天板の前後を入れ替える。焼き上がったら、クーラーに移して粗熱を取る。ホイルのバターを吸収したらホイルを外す。

はちみつ豆乳ベーグル

豆乳とはちみつの風味がふんわり漂い、香ばしいきなこが老若男女におすすめです。

材料（5個分）

生地
- 強力粉…300g
- 塩…5g
- ドライイースト…1g
- はちみつ…25g
- 無調整豆乳…225g
- （または無調整豆乳200g+水20g）

トッピング
- きなこ…小さじ3
- きび砂糖…小さじ2
- 塩…ひとつまみ

ケトリング用
- 水…1L
- はちみつ（または砂糖）…大さじ1

準備

- オーブンシートを9cm四方にカットしたものを5枚作る。
- ボウルに豆乳とはちみつを入れ、はちみつを溶かす（a）。
- トッピングの材料は混ぜ合わせる（b）。
- ポリ袋に強力粉、塩、イーストを入れてよく撹拌する。
- オーブン（または発酵器）を30℃に温める。

作り方

生地作り

「プレーンベーグルの作り方 生地作り（P15）」を参照し、一次発酵まで同じように作る。水の代わりに、(a)を加える。

 生地は、最初はかなりベタつきますが、しっかりこねるとまとまります。

分割・ベンチタイム、成形

「プレーンベーグルの作り方」を参照して、同じように作る。

二次発酵・予熱

天板ごと大きなポリ袋に入れ、30℃で40分、二次発酵させる。オーブンは160℃に予熱する。ケトリング用の湯を沸かし、はちみつを加える。

ケトリング

85〜90℃の湯にシートごと入れ、20秒ゆでる。ひっくり返したら、優しくシートをはがし、20秒ゆでて取り出す。キッチンペーパーで軽く水分を切り、オーブンシートを敷いた天板にのせる。

仕上げ

(b)を茶こしでたっぷりふるいかける。

焼成

160℃のオーブンで18〜19分焼く。途中12分経ったら天板の前後を入れ替える。焼き上がったら、クーラーに移して粗熱を取る。

4

満足度大!
惣菜系ベーグル

だし香る昆布チーズベーグル

生地の塩分に白だしを使ったベーグルは食事はもちろん、お酒に合わせても。

材料（5個分）

生地
- 強力粉…300g
- きび砂糖…10g
- ドライイースト…1g
- 白だし（大さじ1あたりの食塩相当量1.5gのものを使用）…50g
- 水…145g

混ぜ込み用
- 白いりごま…20g

巻き込み用
- 昆布の佃煮…25g（1個あたり5g）
- プロセスチーズ…50g（1個あたり10g）

ケトリング用
- 水…1L
- はちみつ（または砂糖）…大さじ1

準備

- オーブンシートを9cm四方にカットしたものを5枚作る。
- プロセスチーズは、8mm角に切る。
- ポリ袋に強力粉、きび砂糖、イーストを入れてよく撹拌する。
- オーブン（または発酵器）を30℃に温める。

作り方

生地作り

「プレーンベーグルの作り方 生地作り（P15）」を参照し、一次発酵まで同じように作る。水を加えるタイミングで白だしも加える。P11の混ぜ込みの仕方を参照して、白いりごまを混ぜ込む。

分割・ベンチタイム

5分割して丸め、ボウル等をかぶせて室温で5分置く。

成形

❶「プレーンベーグルの作り方 成形（P16）」を参照して、①まで同じように作る。
❷横18×縦8cmくらいの長方形にのばす。裏返したら生地の上の方にプロセスチーズ2/3量と昆布の佃煮全量をのせる。
❸上から具材を包むように生地を折りたたみ、手のひらのつけ根で優しく押して空気を抜く。残りのチーズをとじ目のあたりにのせ、同じように包む。生地を張らせながら棒状にして、合わせ目は生地をつまんでとじる。同様に5本とも棒状にする。
❹「プレーンベーグルの作り方 成形④〜⑦」を参照して同じように作る。

二次発酵・予熱、ケトリング

「プレーンベーグルの作り方」を参照して、同じように作る。

焼成

200℃のオーブンで17〜18分焼く。途中10分経ったら天板の前後を入れ替える。焼き上がったら、クーラーに移して粗熱を取る。

だし香るきんぴらごぼうベーグル

お惣菜のきんぴらごぼうを使って手軽に。ごま油でパリッと香ばしく仕上がります。

材料（5個分）

生地
- 強力粉…300g
- きび砂糖…10g
- ドライイースト…1g
- 白だし（大さじ1あたりの食塩相当量1.5gのものを使用）…50g
- 水…145g

混ぜ込み用
- 白いりごま…20g

巻き込み用
- きんぴらごぼう…100g（1個あたり20g）

ケトリング用
- 水…1L
- はちみつ（または砂糖）…大さじ1

その他
- ごま油…適量（1個あたり小さじ1/2程度）

準備

- オーブンシートを9cm四方にカットしたものを5枚作る。
- フライパン用ホイルを12m四方くらいに切ったものを5枚作り、浅い器の形にする。
- きんぴらごぼうは粗みじん切りにして20gずつに分ける。
- ポリ袋に強力粉、きび砂糖、イーストを入れてよく撹拌する。
- オーブン（または発酵器）を30℃に温める。

作り方

生地作り

「プレーンベーグルの作り方 生地作り（P15）」を参照し、一次発酵まで同じように作る。水を加えるタイミングで白だしも加える。P11の混ぜ込みの仕方を参照して、白いりごまを混ぜ込む。

分割・ベンチタイム

5分割して丸め、ボウル等をかぶせて室温で5分置く。

成形

❶「プレーンベーグルの作り方 成形（P16）」を参照して、①まで同じように作る。
❷横18×縦8cmくらいの長方形にのばす。裏返したら生地の上の方にきんぴらごぼう2/3量をのせる。
❸上から具材を包むように生地を折りたたみ、手のひらのつけ根で優しく押して空気を抜く。残りのきんぴらごぼうをとじ目のあたりにのせ、同じように包む。生地を張らせながら棒状にして、合わせ目は生地をつまんでとじる（きんぴらの油分が手についているときは、手を拭いてから作業する）。同様に5本とも棒状にする。
❹「プレーンベーグルの作り方 成形④〜⑦」を参照して同じように作る。

二次発酵・予熱

天板ごと大きなポリ袋に入れ、30℃で40分、二次発酵させる。オーブンは210℃に予熱する。ケトリング用の湯を沸かし、はちみつを加える。

ケトリング

「プレーンベーグルの作り方」を参照して、同じようにケトリングする。ゆで上がったらフライパン用ホイルにのせる。

仕上げ
ごま油を回しかける。

焼成

210℃のオーブンで17〜18分焼く。途中10分経ったら天板の前後を入れ替える。焼き上がったら、クーラーに移して粗熱を取る。ホイルのごま油を吸収したら、ホイルを外す。

フォカッチャベーグル／青じそフォカッチャベーグル 〜ごま油香るしらすとチーズ〜／トマトバジルフォカッチャベーグル

オリーブオイルの風味を利かせて、フォカッチャ風にしたベーグルです。
フォカッチャベーグルは具材を挟んでサンドイッチにするのがおすすめです。

材料（5個分）
〈フォカッチャベーグル〉

生地
- 強力粉…300g
- きび砂糖…10g
- 塩…5g
- ドライイースト…1g
- ドライローズマリー…1.5〜2g
- 水…195g
- オリーブオイル…10g

混ぜ込み用
- ブラックオリーブ…25g

ケトリング用
- 水…1L
- はちみつ（または砂糖）…大さじ1

その他
- オリーブオイル…小さじ5（1個あたり小さじ1）
- 塩（フルール・ド・セルなど結晶塩）…適量

フォカッチャベーグル

準備
- オーブンシートを9cm四方にカットしたものを5枚作る。
- フライパン用ホイルを12cm四方にカットしたものを5枚作り、浅い器の形にする。
- オリーブは、5mm角に切る。
- ボウルに生地のオリーブオイルと水を入れ、合わせておく(a)。
- ポリ袋に強力粉、きび砂糖、塩、イースト、ローズマリーを入れてよく撹拌する。
- オーブン（または発酵器）を30℃に温める。

作り方

生地作り

〈オートリーズ〉 ①(a)にポリ袋の中の粉類を入れてカードで混ぜる。ポリ袋は取っておく。
②粉気がなくなったらひとまとめにして、ラップをかけ、室温で5分置く。

〈こねる〉 ①台の上をすべらせるようにやや力を込めて4分こねる。このとき、水分量が多く生地がベタつくため、指先は使わず、手のひらのつけ根ですべらせるようにこねる。
②生地にオリーブを混ぜ込む（混ぜ込みの仕方は、P11参照）。
③V字を描くように転がして1分こねる。

〈一次発酵〉 粉類の撹拌に使ったポリ袋に生地を入れて、空気を抜き、30℃で40分、一次発酵させる。

分割・ベンチタイム 5分割してオリーブが表面に出ないように優しく丸め、ボウル等をかぶせて室温で5分置く。

成形 ❶生地がベタつく場合、手に強力粉を薄くつけて成形する。「プレーンベーグルの作り方 成形(P16)」を参照して、④まで同じように作る。5本とも棒状にする。

❷片方の端をめん棒で広げる。とじ目が上になった状態のまま円を作り、根本からしっかり3〜4回ひねりながら広げた方の生地で反対側の端を包む。　❸合わせ目はつまんでとじる。切り分けたオーブンシートにのせる。

二次発酵・予熱 天板ごと大きなポリ袋に入れ、30℃で40分、二次発酵させる。オーブンは230℃に予熱する。ケトリング用の湯を沸かし、はちみつを加える。

ケトリング 85〜90℃の湯にシートごと入れ、20秒ゆでる。ひっくり返したら、優しくシートをはがし、20秒ゆでて取り出す。キッチンペーパーで軽く水分を切り、フライパン用ホイルにのせ、天板にのせる。

仕上げ オリーブオイルを回しかけ、ビニール手袋をした手で、オリーブオイルを上面にまんべんなくぬり、塩をふる。

焼成 230〜240℃のオーブンで13〜14分焼く。途中10分経ったら天板の前後を入れ替える。焼き上がったら、クーラーに移して粗熱を取る。

青じそフォカッチャベーグル〜ごま油香るしらすとチーズ〜

材料（5個分）
フォカッチャの生地の材料のブラックオリーブとローズマリーの代わりに混ぜ込み用の青じそ10gを用意する。ケトリングの材料は同じ。

トッピング
| しらす干し…75g
| ピザ用チーズ…75g
| ごま油…小さじ5
| （1個あたり小さじ1）

準備
・オーブンシートとフライパン用ホイルはフォカッチャと同様に準備する。
・しらすとピザ用チーズは合わせてから30gずつに分け、使用するまで冷蔵庫で冷やしておく(b)。
・青じそは1cmくらいにちぎる。
・ボウルに生地のオリーブオイルと水を入れ、合わせておく(a)。
・ポリ袋に強力粉、きび砂糖、塩、イーストを入れてよく撹拌する。

作り方

生地作り〜ケトリング

〈フォカッチャベーグル〉（P85）と同じように作る。青じそは、〈こねる〉の工程②で混ぜ込む。

仕上げ

(b)を上にのせ、ごま油を小さじ1ずつ回しかける。

焼成

〈フォカッチャベーグル〉と同様に作る。

トマトバジルフォカッチャベーグル

材料（5個分）
生地
| 強力粉…300g
| きび砂糖…10g
| 塩…5g
| ドライイースト…1g
| ドライバジル…2g
| ガーリックパウダー（粗びきガーリックではなくパウダー）…2.5g
| カットトマト缶…110g（果肉と汁が半分ずつになるように用意する）
| 水…100g
| オリーブオイル…10g

ケトリング用
| 水…1L
| はちみつ（または砂糖）…大さじ1

その他（オリーブオイルとチーズ、2種類の味を楽しめます）
| オリーブオイル…1個あたり小さじ1と塩（フルール・ド・セル）…適量
| またはピザ用チーズ…1個あたり15g

準備
・オーブンシートとフライパン用ホイルはフォカッチャと同様に準備する。
・ボウルに生地のトマト缶、水、オリーブオイルを入れ合わせておく(a)。
・ポリ袋に強力粉、きび砂糖、塩、イースト、ドライバジル、ガーリックパウダーを入れてよく撹拌する。

作り方

生地作り〜ケトリング

〈フォカッチャベーグル〉（P85）と同じように作る（混ぜ込みはなし）。

仕上げ

オリーブオイルを回しかけ、ビニール手袋をした手で、オリーブオイルを上面にまんべんなくぬり、塩をふる。または、ピザ用チーズをのせる。

焼成

〈フォカッチャベーグル〉と同様に作る。

ほうれん草ベーグル

緑が鮮やかなほうれん草のベーグルは、
野菜が苦手な子どもにも。
ほうれん草は、冷凍のものを使うのがおすすめです。

材料（4個分）
生地
　強力粉…240g
　きび砂糖…8g
　塩…4g
　ドライイースト…1g
　冷凍ほうれん草…50g
　（生のほうれん草を使う場合は、ゆでて、
　おひたし程度に絞ったもの）…50g）
　水…100〜105g
　（100gから加えて、こねて生地がかた
　ければ105gまで増やす）

ケトリング用
　水…1L
　はちみつ（または砂糖）…大さじ1

準備
・オーブンシートを9cm四方にカットしたものを4枚作る。
・ポリ袋に強力粉、きび砂糖、塩、イーストを入れてよく撹拌する。
・オーブン（または発酵器）を30℃に温める。
・ほうれん草は、水を合わせてブレンダーにかける（a）。

作り方
生地作り
「プレーンベーグルの作り方　生地作り（P15）」を参照し、一次発酵まで同じように作る。水の代わりに、(a)を加える。

分割・ベンチタイム
4分割して丸め、ボウル等をかぶせて室温で5分置く。
＊分割の仕方と丸め方はP10〜11参照。

成形、二次発酵・予熱、ケトリング
「プレーンベーグルの作り方」を参照して、同じように作る。

焼成
200℃のオーブンで17〜18分焼く。途中10分経ったら天板の前後を入れ替える。焼き上がったらクーラーに移して粗熱を取る。

"ベーコーン"ほうれん草ベーグル

ほうれん草ベーグルに、ベーコン&コーンをプラスして、ひとつ結びの成形に。
コーンの黄色ときれいなグリーンが映えるベーグルです。

材料（4個分）
生地
　強力粉…240g
　きび砂糖…8g
　塩…4g
　ドライイースト…1g
　冷凍ほうれん草…50g
　（生のほうれん草を使う場合は、ゆでて、おひたし程度に絞ったもの…50g）
　水…100〜105g
　（100gから加えて、こねて生地がかたければ105gまで増やす）

混ぜ込み用
　コーン…100g

巻き込み用
　ベーコン（薄切り）…2枚
　（1個あたり1/2枚）

ケトリング用
　水…1L
　はちみつ（または砂糖）…大さじ1

トッピング
　バター（食塩不使用）…20g
　（1個あたり5g）
　塩（フルール・ド・セルなど結晶塩）
　…適量

準備
- オーブンシートを9cm四方にカットしたものを4枚作る。
- フライパン用ホイルを12cm四方くらいにカットしたものを4枚作り、浅い器の形にする。
- ほうれん草は、分量の水を合わせてブレンダーにかける(a)。
- コーンはキッチンペーパーで包み、水分をしっかり絞る。
- ベーコンは5mm四方に切る。
- バターは5gずつの薄切りに分けておく。
- ポリ袋に強力粉、きび砂糖、塩、イーストを入れてよく撹拌する。
- オーブン(または発酵器)を30℃に温める。

作り方

生地作り　「プレーンベーグルの作り方 生地作り(P15)」を参照し、一次発酵まで同じように作る。水の代わりに、(a)を加える。P11の混ぜ込みの仕方を参照して、コーンを混ぜ込む。

分割・ベンチタイム　4分割して丸め、ボウル等をかぶせて室温で5分置く。
＊分割の仕方と丸め方はP10〜11参照。

成形　❶生地のベタつきが強い場合は、手に軽く強力粉をつけて成形する。「プレーンベーグルの作り方 成形(P16)」を参照して、①まで同じように作る。

❷ コーンがつぶれないように注意しながら、横16×縦7cmくらいの長方形にのばす。裏返したら生地の上の方にベーコンを全量のせる。

❸ 上から具材を包むように生地を折りたたみ、手のひらのつけ根で優しく押して空気を抜く。生地を張らせながら棒状にして、合わせ目はつまんでとじる。同様に4本とも棒状にする。

❹ 手のひらで優しく転がして、のびなくなったら次の生地、と休ませながら4本の生地を30cm以上にのばす。生地が途中でのびなくなったら、ラップをかけて3分ほど休ませるとよい。

❺ とじ目が上に出ないように輪っかを作り、輪の中に長い方の生地を通す。

❻ 生地の端と端を裏でくっつけてしっかりつまんでとじる。

❼ 表に返して形をととのえ、切り分けたオーブンシートにのせる。

二次発酵・予熱　天板ごと大きなポリ袋に入れ、30℃で40分、二次発酵させる。オーブンは230℃に予熱する。ケトリング用の湯を沸かし、はちみつを加える。バターをフライパン用ホイルにのせる。

ケトリング　85〜90℃の湯にシートごと入れ、20秒ゆでる。ひっくり返したら、優しくシートをはがし、20秒ゆでて取り出す。キッチンペーパーで軽く水分を切り、バターをのせたホイルにのせ、天板にのせる。

仕上げ　焼成前に塩をふる。

焼成　230℃のオーブンで13〜14分焼く。途中8分経ったら天板の前後を入れ替える。焼き上がったら、クーラーに移して粗熱を取る。ホイルのバターを吸収したらホイルを外す。

ポテトカレーベーグル

ほくほくのカレー風味のポテトを
パリッモチッとしたベーグル生地にイン。
成形も具材を包むだけでかんたんなので、ビギナーの方にもおすすめです。

材料(5個分)

生地
- 強力粉…300g
- きび砂糖…10g
- 塩…5g
- ドライイースト…1.5g
- カレー粉…7g
- クミンシード…3.5g
- 水…185g
- オリーブオイル…10g

巻き込み用
ポテトカレー
- じゃがいも…250g(正味)
- ベーコン…4枚
- カレー粉…小さじ1と1/2
- 塩…小さじ1/2
- 粗びき黒こしょう…少々
- オリーブオイル…大さじ1

ケトリング用
- 水…1L
- はちみつ(または砂糖)…大さじ1

トッピング
- ピザ用チーズ…50g(1個あたり10g)

準備
- オーブンシートを9cm四方にカットしたものを5枚作る。
- ポテトカレーを作る。
1 じゃがいもは、皮をむき、2cm角に切ってやわらかくなるまでゆでる。
2 フライパンにオリーブオイルを熱し、粗みじん切りにしたベーコンを炒め、じゃがいもを加えて、つぶしながら炒める。
3 カレー粉、塩、粗びき黒こしょうを加えて混ぜ、冷めたら5等分してラップに包み、丸める。
- ポリ袋に強力粉、きび砂糖、塩、イースト、カレー粉、クミンシードを入れてよく撹拌する。
- ボウルにオリーブオイルと水を入れ、合わせる（a）。
- オーブン（または発酵器）を30℃に温める。

作り方

生地作り
（a）にポリ袋の中の粉類を入れてカードで混ぜる。ポリ袋は取っておく。「プレーンベーグルの作り方 生地作り（P15）」を参照し、一次発酵まで同じように作る。

分割・ベンチタイム
5分割して丸め、ボウル等をかぶせて室温で5分置く。
＊分割の仕方と丸め方はP10〜11参照。

成形

とじ目を下にして、上、下、右、左、斜め上、斜め下、とめん棒を転がして、直径13cmに生地をのばしたら裏返し、ふちはやや薄くなるようにして、ポテトカレーをのせる。

生地の左右、上下をそれぞれ引っ張ってくっつけ、その間の生地も集めて、指でつまんでとじる。とじ目を下にして、切り分けたオーブンシートにのせる。

二次発酵・予熱
天板ごと大きなポリ袋に入れ、30℃で40分、二次発酵させる。オーブンは210℃に予熱する。ケトリング用の湯を沸かし、はちみつを加える。

ケトリング
85〜90℃の湯にシートごと入れ、優しくシートをはがし、転がしながら40秒ゆでて取り出す。キッチンペーパーで軽く水分を切り、オーブンシートを敷いた天板にのせる。

仕上げ
キッチンバサミの先で十字に切り込みを入れて軽く開き、ピザ用チーズをのせる。

焼成
210℃のオーブンで17〜18分焼く。途中8分経ったら天板の前後を入れ替える。焼き上がったら、クーラーに移して粗熱を取る。

ウインナーカレーベーグル

みんな大好きなウインナーを、ベーグル生地に包みました。
ジューシーなウインナーとカレーの風味は子どもから大人まで大人気です。

材料（5個分）

生地
- 強力粉…300g
- きび砂糖…10g
- 塩…5g
- ドライイースト…1.5g
- カレー粉…7g
- クミンシード…3.5g
- 水…185g
- オリーブオイル…10g

巻き込み用
- ロングウインナー…5本
- ピザ用チーズ…25g（1個あたり5g）

ケトリング用
- 水…1L
- はちみつ（または砂糖）…大さじ1

準備
- オーブンシートを9cm四方にカットしたものを5枚作る。
- ポリ袋に強力粉、きび砂糖、塩、イースト、カレー粉、クミンシードを入れてよく撹拌する。
- ボウルにオリーブオイルと水を入れて、合わせる（a）。
- オーブン（または発酵器）を30℃に温める。

作り方

生地作り　（a）にポリ袋の中の粉類を入れてカードで混ぜる。ポリ袋は取っておく。「プレーンベーグルの作り方 生地作り（P15）」を参照し、一次発酵まで同じように作る。

分割・ベンチタイム　5分割して丸め、ボウル等をかぶせて室温で5分置く。
＊分割の仕方と丸め方はP10〜11参照。

成形　❶生地のとじ目を下にして長方形にのばす。横13×縦10cmくらいにのばしたら、裏返す。

❷生地の真ん中にチーズ5gとウインナーを置き、カードで左右に5箇所ずつ切り込みを入れる。

❸生地を上から手前に引き、左右交互に編んでいく。

❹編み終わりは指先で中に押し込む。切り分けたオーブンシートにのせる。

二次発酵・予熱　天板ごと大きなポリ袋に入れ、30℃で40分、二次発酵させる。オーブンは200℃に予熱する。ケトリング用の湯を沸かし、はちみつを加える。

ケトリング　85〜90℃の湯にシートごと入れ、優しくシートをはがし、転がしながら40秒ゆでる。キッチンペーパーで軽く水分を切り、オーブンシートを敷いた天板にのせる。

焼成　200℃のオーブンで17〜18分焼く。途中10分経ったら天板の前後を入れ替える。焼き上がったら、クーラーに移して粗熱を取る。

黒ごまオニオンチーズベーグル

香ばしいフライドオニオンと黒ごま、そして濃厚なチーズはまちがいなしの組み合わせ!

材料(5個分)

生地
- 強力粉…300g
- きび砂糖…10g
- 塩…5g
- ドライイースト…1g
- 水…195g

混ぜ込み用
- 黒いりごま…20g

巻き込み用
- プロセスチーズ…75g(1個あたり15g)
- フライドオニオン…15g(1個あたり3g)

ケトリング用
- 水…1L
- はちみつ(または砂糖)…大さじ1

トッピング
- ピザ用チーズ…75g(1個あたり15g)

準備
- オーブンシートを9cm四方にカットしたものを5枚作る。
- プロセスチーズは、8mm角に切る。
- ポリ袋に強力粉、きび砂糖、塩、イーストを入れてよく撹拌する。
- オーブン(または発酵器)を30℃に温める。

> こねるときに生地がベタつきますが、黒いりごまが水分を吸うため、加水は多めにしてあります。

作り方

生地作り
「プレーンベーグルの作り方 生地作り(P15)」を参照し、一次発酵まで同じように作る。P11の混ぜ込みの仕方を参照して、黒いりごまを混ぜ込む。

分割・ベンチタイム
5分割して丸め、ボウル等をかぶせて室温で5分置く。

成形
❶「プレーンベーグルの作り方 成形(P16)」を参照して、①まで同じように作る。
❷横18×縦8cmくらいの長方形にのばす。裏返したら生地の上の方にプロセスチーズ2/3量とフライドオニオン全量をのせる。
❸上から具材を包むように生地を折りたたみ、手のひらのつけ根で優しく押して空気を抜く。残りのチーズをとじ目のあたりにのせ、同じように包む。生地を張らせながら棒状にして、合わせ目はつまんでとじる。同様に5本とも棒状にする。
❹「プレーンベーグルの作り方 成形④〜⑦」を参照して同じように作る。

二次発酵・予熱
天板ごと大きなポリ袋に入れ、30℃で40分、二次発酵させる。オーブンは230℃に予熱する。ケトリング用の湯を沸かし、はちみつを加える。ピザ用チーズは15gずつに分けておく。

ケトリング
「プレーンベーグルの作り方」を参照し、同じようにケトリングする。

仕上げ
ピザ用チーズをこんもりとのせる。

焼成
230℃のオーブンで14〜15分焼く。途中8分経ったら天板の前後を入れ替える。焼き上がったら、クーラーに移して粗熱を取る。

あとがき

本書をお手に取っていただきありがとうございます。

7年ほど前、はじめて焼いたパンがふわふわに膨らんだときの感動を今でも覚えています。パン教室にも通い始めて、パン作りにすっかり魅了されていきました。ほどなくして訪れたコロナ禍。看護師の私は誰にも会えず、どこにも行かず、ただ一人おうちでパンを焼く日々を過ごしていました。だけど、不思議と寂しくはなかったのです。インスタグラムで発信するうちに、どんどんつながるパン作りの友。「そうか、一人じゃないんだ!」。好きなことをたくさんの人と共有して、一気にバラ色のステイホームとなりました。

そうして出会った方々に、たくさんの学びや刺激をもらい、もっともっとパン作りが楽しくなる……。パン作りを始めて、気がついたら人生に豊かな彩りが生まれていました。パンを焼くことも、食べることも、食べてもらうことも、そして生み出したレシピで作ってもらうことも、今はすべてが幸せです。共に楽しんでくださる方々のおかげで、本を出版するまでになりました。日々のあたたかい応援に感謝の気持ちでいっぱいです。材料が少なめでシンプル、毎日食べても飽きないベーグルには、特にパン作りの楽しさが詰まっていると思います。楽しんでいただけるよう、マイ定番のベーグルレシピから、初公開の秘蔵レシピまで一冊にぎゅっと詰め込みました!

この本の中にあるベーグルを焼いたとき、7年前に私が得た感動を皆さまにも味わってほしい。そしてパン作りを通じて人生がいっそう豊かに彩られることを願っています。

タエ

タエ

タエ（ささきたえこ）。看護師をしながらおうちでパンを焼く製菓衛生師。「タエのオンラインパン教室」主宰。富澤商店オフィシャルクリエイター。インスタグラムでベーグルのレシピと、それ以外のパンレシピを日々発信。「私にもおいしいパンが焼けた！」という喜びを何度も味わえるパン作りを目指しており、わかりやすいインスタライブは毎回人気。本書が初のレシピ本となる。

@tae.bagel（おうちで作るベーグルレシピ）
@t.s.t.m（おうちで作るパンレシピ）

はじめてでもお店みたいに作れる ベーグルの本

2025年3月5日　初版発行
2025年6月10日　4版発行

著者	タエ
発行者	山下 直久
発行	株式会社KADOKAWA
	〒102-8177　東京都千代田区富士見2-13-3
	電話　0570-002-301（ナビダイヤル）
印刷所	TOPPANクロレ株式会社
製本所	TOPPANクロレ株式会社

本書の無断複製（コピー、スキャン、デジタル化等）並びに無断複製物の譲渡および配信は、著作権法上での例外を除き禁じられています。
また、本書を代行業者等の第三者に依頼して複製する行為は、たとえ個人や家庭内での利用であっても一切認められておりません。

●お問い合わせ
https://www.kadokawa.co.jp/
（「お問い合わせ」へお進みください）
※内容によっては、お答えできない場合があります。
※サポートは日本国内のみとさせていただきます。
※Japanese text only

定価はカバーに表示してあります。

©Tae 2025　Printed in Japan
ISBN 978-4-04-684591-7　C0077